EDAF

MADRID - MÉXICO - BUENOS AIRES - SAN JUAN

SARAH BARTLETT

LAS CINCO LLAVES DEL FENG SHUI

La sabiduría secreta de los cinco elementos: Fuego, Tierra, Agua, Metal y Madera

BOLSILLO✦EDAF

Título del origininal inglés:
THE FIVE KEYS OF FENG SHUI: FIRE, EARTH, METAL, WATER
OR WOOD

© De la traducción: CAROLA GARCÍA

© 1998. Sarah Bartlett
© 2000. De esta edición, Editorial EDAF, S. A., por acuerdo con Orion
Books Ltd., Orion House, 5, Londres WC2H 9 EA (U.K.)

Ediotiral Edaf, S. A. Jorge Juan, 30 28001 Madrid.
Dirección en Internet: http://www.edaf.net
Correo electrónico: edaf@edaf.net

Edaf y Morales, S. A.
Oriente, 180, n°. 279. Colonia Moctezuma, 2da. Sec.
C.P. 15530. México, D.F.
http://www.edaf-y-morales.com.mx
edaf@edaf-y-morales.com.mx

Edaf y Albatros, S. A.
San Martín, 969, 3.°, Oficina 5.
1004 Buenos Aires, Argentina
edafal1@interar.com.ar

Edaf Antillas, Inc.
Av. J. T. Piñero, 1594
Caparra Terrace
San Juan, Puerto Rico (00921-1413)
E-mail: forza@coqui.net

Octubre 2001

Depósito legal: M. 41.509-2001
ISBN: 84-414-0985-4

PRINTED IN SPAIN   IMPRESO EN ESPAÑA
Gráficas COFAS, S.A. Pol. Ind.. Prado de Regordoño - Móstoles (MADRID)

A mi padre, F. D. R.

Índice

págs.

Introducción 11

1. Estás en tu elemento 21
2. Las fases de los elementos...................... 63
3. El Palacio del Fuego 83
4. El Palacio de la Tierra 103
5. El Palacio del Metal 125
6. El Palacio del Agua 147
7. El Palacio de la Madera......................... 169
8. Los elementos en el trabajo.................... 187
9. Los elementos en pareja y como amantes 225
10. Los elementos en familia 267

Últimas palabras 287
Sobre la autora... 289

Introducción

E L FENG SHUI es algo más que mover los muebles, cambiar la decoración de interiores u organizar la casa. También es el arte de vivir con armonía. La palabra Feng significa «viento» y Shui significa «agua», y los chinos de la Antigüedad creían que armonizando estas dos fuerzas de la naturaleza podrían crear armonía en sus vidas.

Las cinco claves del Feng Shui y el arte de vivir una vida satisfactoria giran en torno a los cinco elementos de la antigua astrología china. Son, simplemente, los cinco tipos de energía que conforman el «Feng» y el «Shui» de nuestro entorno y que están representados por los siguientes elementos: Metal, Agua, Madera, Fuego y Tierra.

Los antiguos místicos chinos creían que el universo estaba compuesto por estas cinco energías y por su ciclo eterno de interacción. Los cielos estaban divididos en los cinco palacios que regían estos elementos. Un palacio, el Palacio de la Tierra, se convirtió en el punto fundamental, nuestro mundo. Este mundo estaba rodeado por los otros cuatro palacios según los puntos cardinales: el Palacio de Metal en el Oeste, el Palacio del Agua en el Norte, el Palacio de Madera en el Este y el Palacio de Fuego en el Sur (ver Diagrama 1).

Diagrama I
Los elementos y los puntos cardinales

Las cinco energías de los elementos se reflejan y se manifiestan en todas las cosas: en los ritmos naturales del mundo, en el sistema solar, en el paisaje, en el cuerpo humano, en la personalidad y en el estilo de vida, incluso en nuestros hogares e interiores. Ya que el hogar es el lugar y el ambiente más importante para el bienestar de una persona, siempre ha sido más fácil aplicar los principios del Feng Shui en este ámbito.

Afinidades

Pero el Feng Shui también trata de cómo equilibrar las energías de los elementos en otros aspectos de tu vida así como en tu hogar, para ayudarte a llevar una vida enriquecedora y gratificante.

Saber con qué energía te identificas en un momento concreto puede ayudarte a llevar la armonía a tu vida profesional, a tus relaciones, a tu vida familiar, a tu cuerpo y a tu Yo interior. ¿Recuerdas cómo, cuando escuchas música, algunas veces hay un acorde que te llega al alma? Es entonces cuando estás en armonía con una nota en particular; así es exactamente el tipo de afinidad que experimentamos con las energías invisibles de los elementos.

Los cinco elementos no son solo un reflejo de nuestras cualidades internas y de la manera en que nos expresamos, sino que también se manifiestan y se equilibran por medio de nuestro mundo exterior. Nuestros amigos, socios, trabajo, familia, camino espiritual, relaciones, ambiciones, visión del mundo, actividades creativas, valores, necesidades, percepción, jardín, hogar, forma física, humor, comida, deseos y muchas otras facetas de nuestras vidas están influenciadas por estas cinco energías de los elementos claves. Cada una tendrá su influencia sobre ti en algún momento de tu vida. Con este libro sabrás bajo qué elemento has nacido y qué elemento te está influenciando principalmente en este momento. Recurriendo a la sabiduría secreta de los cinco elementos podrás completar, mejorar y equilibrar tu yo interior con el mundo exterior.

Cómo utilizar este libro

¿Qué son los cinco palacios de los elementos?

El palacio es la casa de la energía de cada elemento. Tras las puertas del palacio del elemento con el que sientes mayor afinidad, podrás descubrir cómo dar más energía y vitalidad a tu vida en un momento determinado. Este libro es un viaje. Puede que hayas visitado los cinco palacios en algún momento de tu vida, disfrutando en alguno o en todos ellos.

Cada palacio tiene un huerto donde podrás encontrar los elementos para armonizar tu cuerpo, tu vida de familia y tu bienestar. En él hay plantas, cristales y talismanes para la belleza exterior; rituales creativos y ejercicios con los chakras para la belleza interior e ideas para el placer personal y para endulzar tus sueños.

Intenta trabajar con las energías y cualidades de cada palacio uno a uno. Descubrirás que, en cada elemento, hay momentos favorables y desfavorables durante el año para llevar a cabo ciertas afirmaciones, meditaciones, predicciones y rituales, así como para trabajar con tu cuerpo o con tu desarrollo personal y con la colocación de las curas de Feng Shui. Ve despacio. Sigue los ritmos naturales y los ciclos de la Luna y del Sol. Deja que la energía fluya a través de ti más que intentar regularla.

Puede que te encuentres con que un determinado palacio de un elemento parece dominar durante un mes, o quizá dos, y que, después, otro palacio se hace más importante para ti y te vas por otro camino. Dondequiera que te encuentres, disfruta de los rituales, los ciclos, los elementos armonizadores, los amuletos, los remedios y los caminos, mientras vas trabajando hacia una mejor comprensión del elemento de tu yo interior.

¿Qué son el Yin y el Yang?

El Yin y el Yang son las dos fuerzas armonizadoras que componen el mundo tal y como lo conocemos. En nuestra percepción del mundo no podemos tener luz sin oscuridad, hombre sin mujer, arriba sin abajo o positivo sin negativo. La continua interacción de estas dos energías opuestas crea el diseño cósmico de los cinco elementos, a partir de los que se crean todos los objetos, sentimientos y pensamientos.

Al buscar tu elemento de nacimiento en las páginas 22-23, verás si has nacido en un año Yin o en un año Yang. Esto determina tu forma de expresión. Si naciste en un año Yin, te inclinarás más a manifestar energía Yin que es pasiva, receptiva y fluye. Si naciste en un año Yan, serás más proclive a expresar energía Yang que es activa, dinámica y potente.

Los ciclos de los elementos

Los diagramas 2 y 3 muestran cómo interaccionan los elementos. El diagrama 2 explica cómo cada elemento recibe energía de otro y completa un ciclo de crecimiento. Así la Madera enciende el Fuego, el Fuego nutre al elemento Tierra, la Tierra contiene Metal, el Metal se funde hasta convertirse en Agua, el Agua alimenta a la Madera. Así, por ejemplo, si tu elemento de nacimiento es la Madera, es muy probable que sientas que los elementos Agua y Fuego dan vita-

Diagrama 2
Ciclo creativo

lidad a tu vida. Puede que descubras que las personas Agua o Fuego aparecen con frecuencia en tu vida, y aunque puede que sientas una afinidad natural con otras personas Madera o por hacer cosas relacionadas con el elemento Madera, también necesitas esos otros elementos beneficiosos para darte energía y equilibrio.

El segundo ciclo de la energía de los elementos describe cómo un elemento puede debilitar a otro (ver Diagrama 3). Así, el Agua apaga el Fuego, el Fuego funde el Metal, el Metal corta la Madera, la Madera se alimenta de la Tierra, la Tierra absorbe el Agua. Así por ejemplo, si tu elemento de nacimiento es el Fuego, la gente Agua te puede hacer sentir incómodo, como si estuvieran absorbiendo tu energía o estropeando tus planes. Aunque la gente Metal resulta menos difícil, puede que te sientas inclinado a querer ponerlos en acción.

Diagrama 3
Ciclo destructivo

Los últimos capítulos sobre los elementos específicos también te ayudarán a comprender cómo encontrar la paz interior y te indican con quién puedes encontrar problemas y cómo evitar situaciones desagradables.

Los cinco palacios de los elementos

El Diagrama 4 explica la interacción y las asociaciones tradicionales de los cinco palacios de los elementos.

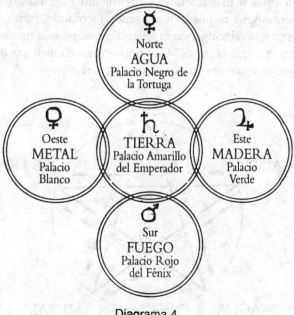

Diagrama 4
Asociaciones tradicionales de los cinco
palacios de los elementos

Madera: el Palacio Verde del Dragón

El Palacio de Madera se relaciona con el Este, la primavera, el color verde y el dragón. El guardián de este palacio es la Estrella del Dragón, Júpiter.

Fuego: el Palacio Rojo del Fénix

El Palacio de Fuego se relaciona con el Sur, el verano, el color rojo y el Fénix. El guardián de este palacio es la Estrella del Fénix, Marte.

Tierra: el Palacio Amarillo del Emperador

El Palacio Tierra se asocia con el centro, el final del verano, el color amarillo y el emperador. El guardián de este palacio es la Estrella del Tigre, Saturno.

Metal: el Palacio Blanco del Tigre

El Palacio de Metal se asocia con el Oeste, el otoño, el color blanco y el tigre. Este palacio está guardado por la Estrella Tigre, Venus.

Agua: el Palacio Negro de la Tortuga

El Palacio del Agua se asocia con el Norte, el invierno, el color negro y la tortuga. El guardián de este palacio es la Estrella de la Tortuga, Mercurio.

Cómo empezar

Primero, averigua tu elemento de nacimiento en el capítulo 1, para establecer las características, cualidades y tipo de energía con los que, *inconscientemente*, te identificas. Pero, recuerda, puede que haya otro elemento que tenga más influencia sobre ti en este momento de tu vida que el elemento de nacimiento. Así que lee primero lo referente a las cualidades y características de tu elemento de nacimiento para ver si te sientes cómodo con esta energía. Si no, utiliza el test de elementos del capítulo 2 para determinar qué elemento te está influenciando más en este momento y trabajar con él en vez de con el elemento de nacimiento. Mantén tu elemento de nacimiento en mente. Si no tienes un elemento dominante en este momento (quizá todos tengan la misma puntuación en el test) entonces quédate con tu elemento clave de nacimiento.

Si te identificas con un elemento que no es tu elemento de nacimiento, utiliza los tesoros que aparecen en el palacio de ese elemento para conseguir la armonía interior y exterior. Sin embargo, si resulta que dos elementos dominan por igual, entonces trabaja con ambos conjuntamente. Si resulta que todos los elementos tienen la misma puntuación, entonces sigue tu elemento de nacimiento. Puedes entrar y salir de los cinco elementos cuando sientas que tus afinidades energéticas cambian. La armonía se logra equilibrando, integrando y potenciando todos los elementos.

Capítulo uno

Estás en tu elemento

Tabla de los elementos de nacimiento

L A TABLA DE ELEMENTOS para el siglo veinte, con sus correspondientes años lunares, ya sean Yin o Yang, aparece en las páginas 22-23.

El elemento en sí rige durante, al menos, dos años, y un ciclo completo de los elementos se lleva a cabo en diez años, pero, como verás, los días de transición varían considerablemente de un año a otro.

Si naciste en el último día del ciclo de un elemento o en el primer día de otro, sería recomendable estudiar las características de ambos elementos, ya que los tiempos reales del cambio del ciclo lunar no se facilitan. Puedes sentirte más «conectado» con un elemento que con otro.

Tabla 1: Años de los elementos

Metal Yang	Agua Yang	Madera Yang
31.1.00–18.1.01	8.2.02–28.1.03	16.2.04–3.2.05
10.2.10–29.1.11	18.2.12–5.2.13	26.1.14–13.2.15
20.2.20–7.2.21	28.1.22–15.2.23	5.2.24–24.1.25
30.1.30–16.2.31	6.2.32–25.1.33	14.2.34–3.2.35
8.2.40–26.1.41	15.2.42–4.2.43	25.1.44–13.2.45
17.2.50–5.2.51	27.1.52–13.2.53	3.2.54–23.1.55
28.1.60–14.2.61	5.2.62–24.1.63	13.2.64–1.2.65
6.2.70–26.1.71	16.1.72–2.2.73	23.1.74–10.2.75
16.2.80–4.2.81	25.1.82–12.2.83	2.2.84–19.2.85
27.1.90–14.1.91	4.1.92–22.1.93	10.2.94–30.1.95

Metal Yin	Agua Yin	Madera Yin
19.1.01–7.2.02	29.1.03–15.2.04	4.2.05–24.1.06
30.1.11–17.2.12	6.2.13–25.1.14	14.2.15–2.2.16
8.2.21–27.1.22	16.2.23–4.2.24	25.1.25–12.2.26
17.2.31–5.2.32	26.1.33–13.2.34	4.2.35–23.1.36
27.1.41–14.2.42	5.2.43–24.1.44	14.2.45–1.2.46
6.2.51–26.1.52	14.2.53–2.2.54	24.1.55–11.2.56
15.2.61–4.2.62	25.1.63–12.2.64	2.2.65–20.1.66
27.1.71–15.1.72	3.2.73–22.1.74	11.2.75–30.1.76
5.2.81–24.1.82	13.2.83–1.2.84	20.2.85–8.2.86
15.2.91–3.2.92	23.1.93–9.2.94	31.1.95–18.2.96

Ahora que conoces tu elemento de nacimiento, vete a la sección relevante de este capítulo y estudia sus características, su forma de expresión y sus cualidades antes de pasar al test de elementos del capítulo 2. Recuerda que, como cualquier otra descripción de «tipos», son caracteres modelo de ese

Tabla 1: Años de los elementos (continuación)

Fuego Yang	Tierra Yang
25.1.06-12.2.07	2.2.08-21.1.09
3.2.16-22.1.17	11.2.18-31.1.19
13.2.26-1.2.27	23.1.28-9.2.29
24.1.36-10.2.37	31.1.38-18.2.39
2.2.46-21.1.47	10.2.48-28.1.49
12.2.56-30.1.57	18.2.58-7.2.59
21.1.66-8.2.67	30.1.68-16.2.69
31.1.76-17.2.77	7.2.78-27.1.79
9.2.86-28.1.87	17.2.88-5.2.89
19.2.96-7.2.97	28.1.98-5.2.99

Fuego Yin	Tierra Yin
13.2.07-1.2.08	22.1.09-9.2.10
23.1.17-10.2.18	1.2.19-19.2.20
2.2.27-22.1.28	10.2.29-29.1.30
11.2.37-30.1.38	19.2.39-7.2.40
22.1.47-9.2.48	29.1.49-16.2.50
31.1.57-17.2.58	8.2.59-27.1.60
9.2.67-29.1.68	17.2.69-5.2.70
18.2.77-6.2.78	28.1.79-15.2.80
29.1.87-16.2.88	6.2.89-26.1.90
8.2.97-27.1.98	6.2.99-27.1.2000

elemento y, como tales, son ejemplos extremos. Los tipos de los signos solares son extremos. Sin embargo, llevan tu esencia y el sabor de la forma de expresión de tu energía. Todos estamos hechos de todos los elementos, pero tu elemento de nacimiento debe darte las pistas clave sobre el perfil de tu energía principal.

El elemento Madera

Tu energía interior es altruista y equilibrada

Madera en el entorno

En el Feng Shui tradicional, la Madera se asocia con el color verde, el dragón, el Este y la primavera.

La Madera se encuentra a nuestro alrededor; hacemos muebles con ella y ponemos plantas y bulbos en los jardines que cultivamos. El árbol ha sido, en muchas de las primeras civilizaciones, no solo un símbolo de crecimiento y fertilidad, sino también un símbolo de creatividad. Aunque un árbol tarda muchos años en crecer, la fuerza y la energía que se necesita para crear la solidez de un tronco de árbol se ha nutrido del Agua, su aliado natural en el ciclo de los elementos.

Los árboles también simbolizan la elevación de nuestra conciencia hacia una meta espiritual. Los árboles nos elevan por encima del nivel del suelo, nos hacen mirar hacia el cielo y recordar que hay más cosas en el cielo y la tierra que nuestra propia percepción de la realidad. Aunque nosotros también estamos enraizados en la tierra, todavía podemos ascender al cielo a través de nuestra visión de futuro o de nuestras creencias. Esto es muy característico de las personas Madera, que son idealistas prácticos.

El punto de vista de la persona Madera

Por encima de todo necesito mantener mi libertad. Aunque me verás rodeado por mis muchas amistades, hay momentos en los que realmente prefiero estar solo. A veces prefiero estar en medio del campo, disfrutando del paisaje o estar en íntima conexión con la naturaleza que vivir la ajetreada vida de la ciudad. Sin embargo, tengo suerte, porque también me siento cómodo entre grandes multitudes, donde puedo mantener mi anonimato, ¡estando seguro de que nadie me conoce! El espacio es un elemento importante para mí, ya sea en lo que me rodea o con las personas. Si otros no respetan el gran territorio que necesito para vivir, pueden encontrarse con que me he ido corriendo a una milla más lejos para tener más espacio.

Realmente no tengo muchos amigos íntimos (demasiada intimidad me ata, me hace sentir incómodo). No me gusta comprometerme con los problemas personales de los demás; prefiero involucrarme en los grandes temas de la vida. Sin embargo, a veces me esfuerzo por ayudar a la gente si tienen problemas que resolver, siempre y cuando no quieran llorar sobre mi hombro. En ese momento me entra claustrofobia y siento que me voy a quedar aprisionado con demasiadas relaciones emocionales en mi vida. Algunas personas dicen que soy distante, incluso que tengo atractivo, pero esto es porque mantengo una imagen desapegada del mundo, para asegurarme de que nadie pueda ver ese «yo» más suave que hay detrás de un exterior frío. Sí, tengo sentimientos, bastante fuertes, pero no quiero exponer mi lado más vulnerable; hay demasiadas personas en el mundo que abusarían si les dejas. Así que muchas veces me acusan de ser muy duro cuando, en realidad, solo pretendo que la gente sea considerada. Por eso se me da muy bien crear grandes planes e involucrarme en temas humanitarios y en asuntos diplomáticos, que encuentro más emocionantes que las simples necesidades de la vida diaria. A menudo me dicen que soy misterioso y realmente necesito sentirme especial. Por eso es por lo que tengo que encontrar un lugar desde donde pueda destacar de los demás. No me refiero necesariamente a la fama y la gloria; esas cosas son para almas más ambiciosas. Prefiero permanecer de incógnito y solo recibir el reconocimiento de mis compañeros y colegas por aquello que puedo ofrecer.

Mi sentido estético está muy desarrollado y, por lo tanto, me gusta mucho la belleza y la armonía en mi hogar y en el trabajo. Pero se trata más de la belleza de la mente que de los objetos reales. Me gusta planificar primero, imaginándome la estrategia que se necesita para llevar a cabo algo bello. Mi propia casa debe ser informal y cómoda. Definitivamente ¡sin caos! Pero tampoco tiene que estar tan limpia que no puedas dejar un plato en la mesa, o que no pueda haber una papelera que no se haya vaciado en un día. Necesito espacio para explayarme y, aunque no poseo muchas cosas, la luz, el espacio y una vida cómoda son requisitos esenciales para mí.

Soy rápido respondiendo a ideas, y doy todos los consejos prácticos que se me ocurren, especialmente cuando alguien tiene ideales y visiones de futuro que no saben cómo hacer despegar. En los negocios, y en todos los aspectos del trabajo, puedo ser un consejero y estratega muy útil. Pero prefiero ser un organizador y cooperador que ser un líder o una persona destacada en primera línea. Ir vestido con trajes de sastre y ropas de corte impecable está bien por un tiempo, si el trabajo lo requiere, pero, en general, prefiero tener la libertad de vestir como yo quiero, cuando quiero. Cuando no estoy fuera por el ancho mundo, o viajando tanto como puedo, prefiero hacer las cosas a mi manera y trabajar por mi cuenta. Soy perfeccionista; no del tipo que necesita poner todo en cajas cuadradas, sino alguien que es muy dueño de sí mismo y a quien no le gusta ver defectos en las vidas de los demás. Sí, eso hace que parezca engreído y supongo que egoísta, pero eso es solo el reflejo de mi punto de vista idealista con respecto a la naturaleza humana; me gustaría que todo el mundo viviera a la altura de las altas expectativas que yo tengo para mí mismo.

Al no ser posesivo, evito involucrarme con demasiados compromisos familiares o laborales o con todos esos eventos sociales a los que se espera que asista. Mis muchos amigos me llaman a menudo raro y puede que incluso excéntrico. El que me describan como raro o un poco solitario me da un sentido de identidad que me parece divertido. Ese es el tipo de cumplido que me gusta. Me hace ser diferente. Y cuando la gente sugiere que soy incluso un poco rebelde, eso me pone en marcha. Sin embargo, puedo llegar a obsesionarme con ser diferente solo por el hecho de serlo, y eso, muchas veces, me hace parecer raro e irascible.

Pero en mi trabajo o en mi carrera profesional, busco que haya armonía entre todos, y me gusta contribuir al bien general de la compañía, a la visión de futuro o a la responsabilidad colectiva. De esa forma puedo evitar enfrentarme con mis propias necesidades más profundas. Pensar sobre mí mismo no me parece importante; prefiero cambiar el mundo que hay a mi alrededor. No acepto con facilidad los cambios en mi propia vida o en mi estilo. A menudo mantengo el mismo corte de pelo, el mismo tipo de ropa y de música, pero me encanta ver cómo todos los demás responden a los cambios de la moda. Puedo ser un gran innovador en cuestión de estilo, siempre y cuando sea el de los demás, no para mí mismo. Aunque me siento bastante orgulloso de tener necesidades especiales, sorprender a mi familia o amigos con ideas locas que rara vez llevo a cabo es a veces solo una forma de afirmar mi propia sensación de desapego.

Creo de verdad en los derechos del individuo y lucharé por cualquiera, siempre y cuando esa persona crea en sí misma. Mi propia individualidad es única, así que yo respeto eso mismo en los demás. Soy famoso por intentar ser diferente solo para hacerme notar. Esta es mi manera de llamar la atención. Mi principal objetivo en la vida es mantenerme centrado, estar seguro de adónde voy y no ser demasiado impulsivo. Tengo muchas aptitudes para ser diplomático, ya sea dentro del trabajo o en casa.

La cooperación es algo esencial para mí. Si los demás confían en mí (y normalmente es así), les ayudaré y les inspiraré confianza. Puedo ofrecer un inestimable apoyo en cuestiones emocionales y espirituales, siempre y cuando no esperen demasiado de mí. Ya que yo no soy excesivamente emocional, puedo analizar con objetividad los problemas de los demás, y tampoco me dejo enloquecer por mis propios problemas.

Normalmente no tengo problemas porque procuro que la vida sea más un proceso intelectual que emocional. Puede que esto me haga parecer insensible y más preocupado por temas humanitarios que por mis amigos. Pero hacerse íntimo de alguien implica que no me puedo desplegar a gran escala. Intimidad significa compromiso, y prefiero involucrarme en grandes proyectos y acontecimientos sociales a gran escala que estar en deuda con una única persona.

Me paso la mayor parte del tiempo mirando al futuro para ver qué hay que hacer a continuación. Aunque no soy particularmente intuitivo (en el sentido de que no soy clarividente), simplemente planificar el futuro y organizar objetivos a largo plazo me encanta. Mi forma de jugar y experimentar con ideas es ver cómo dan fruto, cómo se hacen realidad, más que dejar que sean solo sueños vagos e insustanciales. Mirar atrás al pasado, vivir de memorias y de recuerdos sentimentales no es para mí. Es más probable que me sienta inspirado por temas de cienciaficción y nuevas tecnologías que por una película nostálgica o por un libro de viejas fotografías rescatado del ático familiar.

Como lucho por mantener mi independencia, soy muy difícil de manejar en cuestión de relaciones. Pero, de una forma muy sofisticada, me encanta jugar al juego de la seducción. Puedo ser muy encantador y suelo conseguir lo que quiero. Ya que estoy tan seguro de mí mismo, a menudo hago que los demás pierdan el equilibrio. Tengo un gusto refinado para mi ropa y los ambientes que me rodean, y si mi pareja o amigo no comparte mis gustos, entonces huiré rápido a la búsqueda de espacios abiertos. La gente distinta me gusta; cuanto más raros sean, más fascinado me siento. Tiendo a analizarlos, identificando sus cualidades y sus faltas y examinándolos como si fueran un experimento de Frankenstein hasta que estoy seguro de su integridad. El único problema es que si no están a la altura de mi elevado concepto de lo que debe ser una relación, entonces puedo llegar a ser dogmático y poco claro.

Mi relación ideal sería algo muy poco convencional. Quizá una pareja fiel y constante, una buena amistad con sexo incluido, pero cada uno viviendo en su casa. Vivir con otra persona puede limitar mi forma de vida y perturbar mi concepto de altruismo. Ya que soy una persona esencialmente mental, tiendo a racionalizarlo todo más que hacer caso de mis sentimientos. Así puedo defraudar a veces a mi pareja o destruir la relación, al ser demasiado conformista.

Tengo energía a raudales para cualquier cosa, y normalmente me las arreglo para hacer más en un día que la mayoría de las personas. Me encanta jugar, ya sea en deportes, juegos de palabras o dar fiestas locas. Me gusta hacerme notar en las fiestas, y cuanto más escandaloso soy, mejor. Es entonces cuando puedo brillar de verdad. Cuanto más brillo y cuanto más raro piensa la gente que soy, más seguro me siento. Les hace no acercarse demasiado a esa parte vulnerable que hay dentro de mí.

Mi familia es importante para mí, pero creo más en la familia global que en el núcleo familiar que vive por su lado en las afueras de la ciudad. Aquí es donde me gustaría que las cosas cambiaran. Los planes mundiales pueden parecer sueños para muchos, pero esta es mi visión de futuro: mejorar la vida; paz y felicidad para todos los seres vivos. Quizá sea un sueño imposible, pero ya te he dicho que soy un idealista.

A menudo, mis sueños y planes son para cambiar las condiciones sociales, los derechos de los animales salvajes o la política; cualquier tema que me haga sentir que soy parte del cambio colectivo. No me interesa particularmente cambiarme a mí mismo. Prefiero transformar a mis amigos con mi presencia, dando consejos y mostrándoles cómo vivir; estoy muy contento de seguir siendo como soy.

Prefiero con mucho la amistad que «estar enamorado». El amor es muy inconsistente y, por el contrario, parece que la amistad dura más. Estar enamorado es mucho esfuerzo y, normalmente, surgen exigencias desde el principio, lo que va totalmente contra mi naturaleza. Así que mi pareja ideal tiene que ser mi amigo. Los amigos te aceptan como eres y no intentan cambiarte. No hay condiciones y la confianza es auténtica. Las pasiones humanas y los chantajes emocionales me alejan de sentir amor en el verdadero sentido de la palabra. Para mí, el amor humano es dar y aceptar a otro ser humano por lo que es, y no tener exigencias o esperar que lleguen a tus elevadas expectativas.

En esencia, quiero que me entiendan y me valoren por mis propias creencias altamente liberales y humanitarias, que me acepten por mis fuertes convicciones y mi (si bien a veces poco convencional) moral. Esto no siempre coincide con la ética de los demás o con el país en que vivo o su política, pero mi propio sentido de lo bueno y lo malo, de justicia e injusticia es algo muy valioso para mí. Si un amigo o mi pareja puede comprender y compartir todos estos valores interiores conmigo, entonces ¡serán amados para siempre!

El elemento Agua

Tu energía interior es intuitiva y adaptable

Agua en el entorno

Tradicionalmente, el Agua se asocia con el Palacio Negro de la Tortuga, con el Norte y con el invierno.

El agua fluye y simboliza la energía que fluye y se mueve por instinto y de forma reflexiva. El agua está en movimiento o en aparente calma, pero las ondas de un lago o las corrientes que se mueven por debajo del mar en calma nos recuerdan que el Agua no tiene forma, sino que se adapta y se amolda a la forma. El Agua es el origen de todas las cosas que tienen vida: los océanos una vez cubrieron la Tierra, y nacemos en una matriz llena de fluido que nos nutre y nos protege. En las mitologías ancestrales el Agua fue la fuente creativa de donde surgía la vida. Es la fuerza vital y el poder de la energía cósmica.

Estamos rodeados de Agua en nuestro ambiente natural; desde la lluvia que cae sobre

nuestros paraguas, los grandes mares y las diminu-
tas gotas de rocío, hasta la composición de nuestros
propios cuerpos. Sin Agua no podríamos existir. Dependemos de ella para la vida al igual que
dependemos del aire que respiramos. El Agua es
escurridiza, no se puede atrapar, por lo que se
relaciona con la intuición, con la energía psíquica
y la habilidad de ver el pasado, el presente y el
futuro como si fuera un único momento que no
está atrapado. Porque, al igual que ocurre con el
Agua, no podemos atrapar el tiempo en nuestras
manos.

El punto de vista de la persona Agua

Mi necesidad de comunicarme es probablemente lo que me distingue de los demás. Necesito
descubrirlo todo en la vida, y por eso fluyo y me
adapto a cada circunstancia o experiencia que se
cruza en mi camino. Algunas personas no aceptan
bien esta flexibilidad, pero, para mí, aferrarse rígi-
damente a una opinión o a un modo de vida supone perderse muchísimas cosas. Mi problema es que
también soy muy sensible. Tan sensible a los cambios de humor y sentimientos de otras personas que
a veces pienso que se funden con los míos propios.
Esto significa que nunca sé si lo que estoy sintiendo proviene de mí en realidad. Esto también me
crea un problema de identidad. Descubrir quién
soy en realidad es la gran búsqueda de mi vida.
Muchas veces me dicen que soy voluble o incons-

tante, pero eso es porque siempre tengo que cambiar de escenario, de planes o de idea para ver si puedo atrapar la parte de mí que se me escapa. Tiene gracia. De todas formas, mis amigos y mi familia piensan que soy muy escurridizo. Pero tengo la necesidad de fluir; necesito moverme y adaptarme, haciendo que las cosas se muevan y no se queden quietas.

Me encanta la conversación, las palabras y el cotilleo. Nadie puede igualar mi necesidad de charlar, y mis amigos pueden irritarse porque nunca paro de hablar. Pero hay algo que se me da muy bien: escuchar los problemas de los demás. Es raro, pero la mayoría de mis amigos vienen a mí buscando un hombre sobre el que llorar. A mí me gusta. Hace que me sienta querido y me da una sensación de equilibrio. Al ser tan neurótico sobre mis propios sentimientos y necesidades, me sienta bien escuchar los problemas de los demás. A menudo me dicen que sería un buen consejero o que debería buscar trabajo en una profesión relacionada con ayudar a los demás. Pero puede que me ahogue con tantos problemas ajenos y que me agote emocionalmente, con lo que acabo más confuso sobre mis propias necesidades y valores. A veces me describen como si fuera un poco «esponja» psicológica porque entiendo los problemas emocionales demasiado bien, y a menudo termino acarreando yo mismo la pena o el dolor de los demás. Entonces me pongo inquieto y me entran ganas de escapar al campo o al mar, no importa cuál. Los dos sintonizan con mi naturaleza intuitiva y amable. En lugares así tengo ocasión de aclarar mi cabeza. Aunque la idea de estar totalmente solo es terrible para mí, las ciudades me hacen sentir confuso y ansioso. Así pues, una atmósfera rural tranquila combinada con viajes frecuentes al centro del pueblo sería lo mejor para mí.

Mi hogar tendría que tener luz y estaría lleno de imágenes románticas, libros, luces suaves, velas y música.

Puedo ser muy persuasivo cuando sé lo que quiero. Y si se trata de un encuentro romántico, puedo también ser muy seductor. Puedo cambiar de opinión, aparentemente, y seguir la corriente a otra persona, para luego, astutamente, volver a mis propias necesidades. Mis amigos me dicen que sé utilizar mi labia para entrar y salir de cualquier situación. De alguna manera, siempre se me ocurre cómo salir de un problema. Por eso la gente me llama pidiendo consejo. Me encanta hablar por teléfono, pero a veces, si tengo algún problema mío que me preocupa, no se me da tan bien escuchar.

Me gusta ser juvenil y quiero disfrutar del romance y la pasión de estar enamorado. No quiero atarme demasiado pronto o quizá nunca. Me gusta flirtear y luego encontrar a otra persona a quien impresionar con mi ingenio y mi encanto. Esto no se debe a que soy voluble sino, más bien, a una necesidad de probar con tantas parejas como pueda. Si no, ¿cómo sabría cuál es la persona adecuada? Parezco pasivo y poco centrado y, a veces, me meto en aguas profundas. La gente piensa que soy una presa fácil porque, al ser Agua, parezco soñador y desorganizado. Entonces tengo que usar mi extraordinaria imaginación para salir de apuros. Y normalmente lo consigo. Es una cuestión de habilidad, pero si eres tan romántico como yo, sabrás que estas cosas pasan a menudo.

Ser tan listo a veces crea rencores. No pretendo ser un listillo o un pillo, solo lo parece porque tengo que evitar que me atrapen. A mis socios les cuesta seguir mi agudo cerebro y mi potentísima imaginación. Pero la parte dura de la vida (toda la tristeza y el horror del mundo y la crueldad de la humanidad) perturban mucho mis frágiles sentimientos. Y así siempre busco formas de disfrutar del aire fresco o busco la belleza en el paisaje o en las paredes de una galería de arte.

Normalmente soy muy creativo. Es una forma de expresar mis sentimientos y de soltar todo ese estancamiento de dolor e ira que siento por el mundo. Tengo talento para la música y, por lo general, tengo un buen oído. La música y el arte deben formar parte de mi vida diaria y, si no es así en mi casa, es probable que me involucre en algún tipo de trabajo creativo. Puedo escribir poesía e historias inspiradoras. Si me pones un lienzo delante, puede que no sepa utilizar los óleos, pero aprenderé más rápidamente que nadie. La versatilidad es una cualidad que no me faltará. Esto significa, por supuesto, que es difícil para mí dedicarme en exclusiva a un tema. Quiero tocarlo todo.

Ya que tengo plena conciencia de cada cambio que ocurre en el ambiente, a menudo me vuelvo paranoico e hipercrítico si no me siento cómodo. Si no hace buen tiempo, soy capaz de meterme en un terrible estado mental intentando decidir qué ponerme, y luego, ponerme neurótico si no me puedo cambiar cuando la temperatura vuelve a variar. ¡Necesito adaptarme al ambiente como un camaleón! ¡Si tuviera el poder de cambiar de color y no preocuparme por las cuestiones prácticas que esto conlleva diariamente! Para mí puede ser difícil comprometerme con una pareja o un amante, pero es más difícil todavía decidir en media hora la ropa que me voy a poner.

Soy más feliz en compañía. Estar solo es bueno para mí solo en pequeñas dosis. Soy muy social y por ello me encuentro con romances en cada esquina. Estar rodeado de gente y tener una extensa red de amigos es lo mejor para mí porque, entonces, no tendré tiempo de estar solo. Estar solo me acerca al pozo de emociones y sentimientos que acarreo. De alguna manera, prefiero no tener tiempo de conectar con mi ser más profundo y seguir cambiando y ser un reflejo de la persona o de aquello que esté a mi alrededor. Es más fácil seguir la corriente que ir contra ella. No soy muy luchador, pero tengo mucha fuerza emocional en mi corazón. Verás, al estar tan seguro de que ahí fuera hay más bondad que maldad, intento confiar en mi juicio o en mi intuición. Normalmente me sale bien, pero si resbalo, me sentiré herido y sufriré mucho. No me gustan las personas o cosas que hacen tambalear mi confianza y mi fe en la bondad universal.

Las relaciones íntimas pueden ser difíciles para mí. Soy muy romántico y sé lo que es enamorarse. Sé lo doloroso que es porque lo he atravesado muchas veces antes. (También creo en la reencarnación, y eso hace que el romance sea algo que, en mi cabeza, tiene un millón de años). Puedo hacerme un adicto al enamoramiento, pero tan pronto como la fascinación inicial desaparece, me aburro y me pongo inquieto o anhelo escapar de nuevo.

La gente piensa a menudo que soy promiscuo y es verdad que mantengo muchas relaciones, pero esto es solo porque busco un ideal. No hay muchas parejas que puedan seguirme de verdad porque necesito a alguien que sea totalmente flexible, alguien que quiera acampar en una montaña una noche y la siguiente gastarse una fortuna en un casino. Tampoco me gustan las escenas demasiado emocionales. Lo que realmente me va es la estimulación mental e intelectual, comer y beber o charlar y charlar. No me gusta comprometerme, porque puedo cambiar de opinión y entonces pareceré contradictorio e impredecible. Sufro de estrechez de miras en lo que se refiere al amor; siempre pienso: ¡esta sí es la persona! Crear apegos tan fácilmente significa que no racionalizo o que no considero la situación o sus consecuencias con el suficiente cuidado. Soy famoso por haberme enamorado de un libro, un cuadro o una casa tan fácilmente como me enamoro de alguien; esto hace que a veces mi vida sea muy arriesgada. No siempre pienso bien las cosas y acabo con alguien o metido en algo que muy pronto tiene poca importancia para mí.

Lo que necesito descubrir son mis verdaderos valores en la vida: qué quiero exactamente de una relación y si es buena para mí antes de lanzarme hasta el fondo. Puedo ser tan impulsivo como una persona Fuego, pero no tengo el egocentrismo dinámico que hace que alguien Fuego pueda movilizar la relación en la dirección correcta o salir de ella si no va a ningún sitio. En realidad, me es difícil seguir con mis ideas hasta el final cuando ya no se ajustan a lo que prometían en un principio.

Mis amigos me dicen muchas veces que debo ser adivino, y eso está bien, siempre y cuando no piense mucho en ello. Pero tan pronto como intento ser adivino, pierdo el contacto con mis sentimientos intuitivos y termino confiando en mi poderosa imaginación, que no es la misma cosa. De niño tenía un poder psíquico increíble aunque, entonces no me daba cuenta realmente de lo que era.

Al hacerme mayor, se hace más difícil conectar de nuevo con ese lugar. Esencialmente, necesito ir por la vida probando, confiar en mi intuición y utilizar mi increíble habilidad para apoyarme en la lógica cuando la vida me pone a prueba. Puedo ser flexible y suficientemente astuto cuando dejo que mi cerebro trabaje y no me dejo llevar por la irracionalidad de mi mente dispersa. A pesar de ser muy sensible, soy de los que siempre salgo a flote.

El elemento Fuego

Tu energía interior es poderosa y apasionada

Fuego en el entorno

Tradicionalmente, el Fuego se asocia con el verano, el color rojo, el Fénix y el Sur.

El Fuego es una energía activa, dinámica. Es la fuerza de la vida, la esencia misma de los comienzos y el primer impulso en nuestro viaje. El Fuego asciende y se quema. Produce luz y conciencia. Hubo un tiempo en el que solo los dioses conocían el secreto del Fuego, pero este secreto se le dio a la humanidad y simboliza el impulso en todo lo que llevamos a cabo.

Aunque el Fuego es un elemento estimulador, demasiado fuego puede quemarnos. El Fuego puede producir llamas que se mueven demasiado rápido, como un incendio que arde y se escapa a nuestro control y que va destruyendo todo a su paso. Pero el Fuego también nos calienta y funde la nieve y los corazones fríos. El verano está lleno de calor y nuestras vidas están repletas de pasión y fantasía, los fuegos del deseo humano. Sin el Fuego no tendríamos calor en nuestras vidas y sería difícil para nosotros sobrevivir. El Fuego se crea de la Madera; al frotar dos palitos vemos cómo se forma la chispa de energía. Así pues, el Fuego también representa esa chispa de inspiración, ese momento de impulso, de valentía, de la voluntad de arriesgarse.

El Fuego es el momento dentro de nosotros que funciona sin lógica, sin previsión. Solo mira hacia el futuro, y ve el presente o el pasado como cosas poco importantes. A veces quema a los demás sin pensar en las consecuencias, y por eso el Fuego debe manejarse con cuidado.

El punto de vista de una persona Fuego

Soy apasionado en la vida y estoy orgulloso de ello. Hay tanto que aprender en el mundo y tantos lugares a donde ir. Honradamente, y yo soy honesto en exceso (a veces sabiendo que no es lo más adecuado), cuanto mayor sea la aventura y cuanto más ancho sea el horizonte, más disfruto de la vida. La libertad y la diversión son dos cosas esenciales de mi forma de ser. Solo tengo que levantarme y ponerme en marcha si mi entusiasmo, repentinamente, me hace moverme. Así es como yo lo siento. Siempre he querido correr antes de saber andar. Quiero llegar al meollo de las cosas y creer que mi manera de hacer las cosas es la correcta. Mis amigos me dicen que soy egocéntrico y un poco superficial, pero hace falta tener valentía y motivación en este mundo si quieres lograr algo. No tengo mucho tiempo para las personas vagas o flojas. Necesito que mis amigos, mi familia y mis amantes sean optimistas y provocativos en la vida como yo lo soy.

Me impaciento mucho con las cosas ordinarias de la vida. Cocinar, limpiar, arreglar cosas o cambiar una rueda pinchada son cosas que pueden ponerme de mal humor. No tengo tiempo para los objetos inanimados a menos que sean funcionales y vayan bien. Si algo no funciona, ¡tíralo! Todo es urgente en este mundo, y tengo que ocuparme del siguiente problema y no quedarme en el pasado. Al tener esta cualidad infantil, lo quiero todo ahora mismo y puedo ponerme pesado, con lo que me hago más enemigos que amigos. No quiero ser tan exigente; es solo que me gusta moverme más rápidamente que a la mayoría de las personas y no soporto esperar a alguien o a algo. Se sabe que puedo dar un salto y dejar a mis amigos detrás si no son capaces de estar a la altura de mi extraordinaria energía. Actividad es lo que necesito. No quedarme sentado en un bar toda la noche. Quiero acción, aire libre o la mayor aventura posible.

Sin embargo, tengo una gran percepción de cómo las cosas deben ser en la vida. Algunas personas incluso dicen que puedo ser muy inspirador. A pesar de mi arrogancia, puedo generar mucha energía en los demás, entusiasmándolos para que realmente confíen en que pueden conseguir cualquier objetivo que se propongan de verdad. Como ves, tengo una gran confianza en la vida, soy un eterno optimista que sabe que si realmente tienes fe en tus objetivos en la vida, en general, puedes alcanzarlos.

Por supuesto, la vida no es la vida sin sus dificultades. A pesar de toda mi valentía y grandes palabras y de mi exuberancia, la verdad es que soy muy vulnerable por dentro. Ya que soy tan orgulloso, intento que no se vea. Tengo que protegerme a mí primero, y luego a los demás. Esto parece egoísta, pero si yo estoy a salvo, mis amigos y mi familia pueden siempre contar conmigo. La honradez es algo importante para mí. Yo nunca escondo la verdad y siempre digo lo que pienso. La franqueza puede herir, pero al menos, nunca miento. Si las cosas no me salen bien, bueno, normalmente es porque no pienso mucho las cosas y puedo hacer muchos errores. No me gusta entrar en lo personal, pero a veces mis amigos piensan que soy demasiado superficial en lo que pienso, en mi estilo de vida o mis ideas.

Al intentar decidirme por mí mismo, nunca presto mucha atención a los demás. Por eso, a veces, me es difícil mantener relaciones cercanas con otros. Necesito a alguien que precise su libertad y que respete la mía también. ¡Las sanguijuelas emocionales no son para mí!

Sé que soy agotador para los demás, pero también soy increíblemente leal. Si no puedes seguirme en mis planes repentinos de ir a los Himalayas o pasar un fin de semana desenfrenado en Nueva York, yo no me quedaré esperando por ti. Tengo que liarme la manta a la cabeza e irme, quieras o no quieras venir. No hay tiempo para analizar y diseccionar ideas y planes si yo estoy cerca. Tengo que ser apasionado con respecto al futuro, porque el mundo es muy grande y tengo que verlo todo.

Mi gran problema, y lo admito, es que a veces me doy cuenta demasiado tarde de lo precipitado que soy. Lanzarme hacia donde los demás temen ir implica que no siempre considero las consecuencias de mis acciones. Bueno, la verdad, siendo honesto, nunca las considero. Ir abriendo caminos o mi valentía impaciente puede resultar envidiables para algunos, pero me hacen meterme en situaciones difíciles y a experimentar muchas desilusiones, y también alegrías, en la vida.

No creo en la competición. Esto puede sonar raro porque siempre estoy ahí, compitiendo, ya sea en los deportes o en los grandes negocios; me gusta estar donde está la acción; quiero ser el primero. Pero competir no es para mí una cuestión de ganar o perder sino de apuntarse a la acción y de seguir adelante hasta el final por una cuestión de logro personal. Los demás no importan mucho. Si llegan antes a la cima, puede que esto me enfade pero llegaré allí por otro camino. Para mí, si surgen problemas por el camino y tengo que luchar contra algunos adversarios, ¡será más divertido!

En el trabajo puedo ser exasperante porque propongo grandes ideas y siempre espero que se pongan en marcha inmediatamente. Si el plan no despega con la velocidad del Concorde, me impaciento y me inquieto hasta poner nerviosos a todos los demás. No entiendo por qué los demás no pueden vivir a mi velocidad. Esto significa que normalmente soy el que organiza las cosas o el líder en cualquier ambiente de trabajo. Ser parte de un equipo me daría demasiadas noches sin dormir. Soy demasiado impaciente como para quedarme esperando que se hagan las decisiones burocráticas, y las reuniones y las maquinaciones corporativas me dan escalofríos. Prefiero estar ahí fuera, ocupándome de mis propias ventas, que preocuparme por los costes que conllevan. Si yo estoy al mando, sé que todo funcionará y que arriesgarme me va a llevar a la cima. Si no obtengo respuestas o resultados inmediatos, a menudo dejo todo el plan y pienso en algo nuevo. Crear una nueva fruta es mucho más emocionante y retador que esperar a que las viejas manzanas maduren.

En las relaciones íntimas necesito a alguien que esté tan emocionado con la vida como yo, y que quizá también pueda admirarme. Adoro la pasión y tengo una extraordinaria habilidad para ser fiel si aparece la persona adecuada. Necesito mi libertad, pero también que me quieran por ello. Si mi pareja no puede aceptar mi necesidad de tener una vida llena de emociones, entonces no me quedaré por mucho tiempo. Las personas pasivas o introvertidas no son mi tipo pero, a veces, me intrigan y me enamoran con locura tan rápido como me desenamoran.

El problema es que las personas soñadoras y tranquilas son tan diferentes de mí mismo que me gusta estar cerca de ellas. Me intrigan tanto esas diferencias que puedo apasionarme mucho durante un tiempo. Pero, desafortunadamente, pronto se desgasta la relación y siento que me tengo que escapar. Esto conlleva, por supuesto, una reputación de imprudente y egocéntrico. Pero, de nuevo, todo es una cuestión de orgullo. Mis expectativas son tan altas que no puedo permitirme el lujo de caer por debajo de ellas. Las personas cálidas y sentimentales pueden hacer que se abra mi burbuja emocional y que, entonces, mi parte más vulnerable se revele a todos. Pero lo peor es que cuando yo veo esa parte débil de mí mismo, ¡me echo a correr!

Me encanta la gente con un brillante sentido del humor. Reír es algo tan bueno como el sexo, y si no me divierto contigo, me aburriré y me iré. Yo también soy muy gracioso cuando quiero. Si puedo reírme, moverme y disfrutar de la vida, entonces no pido mucho más. Por desgracia, no hay muchas personas que puedan identificarse con una vida tan fácil. Parece que solo me encuentro con personas complicadas que van arrastrando su carga emocional. Las relaciones son algo crucial para mi bienestar. No soy un ermitaño; siento tanta pasión por la vida que me parece una locura ser pesimista. Me gusta provocar a los demás. Es divertido. Pero es divertido porque me entretiene, no porque quiera molestarlos.

Por desgracia, estos son los riesgos que me hacen meterme en problemas. Todo lo que quiero es inspirar a los demás para que se diviertan. ¿Por qué preocuparse por el pasado cuando puedes disfrutar hoy y planear el futuro? Pero no pienses que me puedes cercar. Sin los espacios abiertos de una vida llena de experiencias y emociones, me sentiría como unos fuegos artificiales que se mojan cuando están a punto de estallar. Entonces, me iría cuando menos te lo esperaras. La pasión y la emoción son lo mío; no importa el precio.

El elemento Tierra

Tu energía es sensual y está arraigada

Tierra en el entorno

Tradicionalmente, el Feng Shui asocia la Tierra con el centro, el final del verano (la estación de la Tierra), el amarillo y el emperador.

La Tierra nutre todas las cosas y se relaciona con nuestras estaciones, los ritmos naturales del mundo, la Luna, el Sol y las estrellas. La Tierra es también el lugar donde vivimos y de donde han surgido nuestras propias invenciones sobre el tiempo y la materia, y también nuestro sentido de la realidad. La Tierra tiene que ver con el aquí y el ahora, y con los límites que creamos para nosotros mismos y para los demás. Quiere convertir lo abstracto en útil, y hacer que las ideas y sentimientos se manifiesten en el plano material. La Tierra se asocia principalmente con lo que proviene del suelo (además de los metales preciosos), como las piedras, rocas y cristales.

La Tierra se relaciona con la habilidad de observar el mundo sin juzgar; observar el paisaje, los cambios de tiempo y los ciclos de renovación tras la muerte que transforman las estaciones del año, nuestras vidas y la tierra en sí. Las personas Tierra están más en consonancia con la naturaleza que las demás porque pueden escuchar, ver, tocar y sentir percibiendo el suelo bajo sus pies. Son espectadores conscientes del espectáculo de la vida que se desarrolla. La energía del elemento Tierra es ancestral, pero su intención es enfocarse en el presente, más que quedarse en el pasado. Debido a que la Tierra es el punto central desde donde irradian los puntos cardinales, se identifica más fácilmente con todos los demás elementos y con sus correspondientes colores y estaciones.

El punto de vista de una persona Tierra

Lo que más me gusta de la vida es el placer de vivir. Aunque la vida no es siempre placer, si me encuentro con buenas experiencias puedo realmente disfrutar del momento sin preocuparme sobre el futuro o el pasado. Mis sentidos están tan conectados con el mundo que puedo deleitarme simplemente tocando una brizna de hierba, metiendo los pies en el mar o sintiendo cómo el agua se va deslizando por la palma de la mano. Todas estas son experiencias idílicas, pero también estoy listo para enfrentarme a la parte dura de la realidad. Quizá, debido a que estoy tan preparado para las dificultades, aprecio de verdad a la gente y las experiencias de la vida que me dan placer.

Al tener los pies bien en la tierra, puedo ver cómo otros tienen problemas haciendo frente a la vida, especialmente si no son conscientes de su propia valía. A veces, cuando me encuentro con amigos o conocidos que no valoran su seguridad o que viven precariamente, empiezo a preocuparme de mis propias necesidades. Tener conciencia de mí mismo es muy importante para mí. Soy muy consciente de qué amigos valoro y del estilo de vida que me hace sentirme cómodo, y quiero que mis amigos, familia y pareja tengan las mismas intenciones con respecto a su calidad de vida también.

La seguridad interior y exterior son aspectos cruciales en mi vida. Pero ser tan fuerte significa que, a veces, me es difícil adaptarme o cambiar cosas en mi vida por miedo a sentirme vulnerable e indefenso. Entonces me convierto en un manojo de nervios en vez de enfrentarme al hecho inevitable de que tengo que cambiar algo. Mucha gente dice que, simplemente, soy testarudo, que me resisto a los cambios y a las opiniones de otros porque soy débil y no me puedo enfrentar al hecho de tener que salir de mi concha protectora. Pero me gusta mi tenacidad porque, al menos entonces puedo observar el mundo desde una posición estratégica, desde un santuario seguro. Algo que muchos querrían tener.

Puedo parecer demasiado cauteloso a aquellos que no me conocen bien. Pero eso es porque no confío fácilmente en las personas, y eso explica por qué tardo mucho tiempo en crear una relación íntima. Sin embargo, una vez que lo hago, me comprometo.

Nunca, nunca persigo a nadie. Ya sea un romance, un simple conocido o una amistad más profunda, prefiero que los demás se acerquen a mí primero. Tienen que ser muy persuasivos para hacer que yo siga su modo de pensar, ya que la preservación y la supervivencia de mí mismo son mis preocupaciones más inmediatas. Así, da la impresión de que hay algo instintivo en mí, y eso explica por qué puedo parecer tan indulgente e increíblemente posesivo con mi casa, mi familia y mi pareja. Me agarro desesperadamente a lo que valoro porque si algo merece que yo me implique, entonces lo nutro y lo cuido. Me gusta rodearme de muchas posesiones y soy muy gastador cuando descubro objetos o cosas bonitas que me tocan el corazón. El arte y la música son muy importantes para mí y me gusta vivir en un lugar que sea estéticamente agradable, preferiblemente con maravillosas antigüedades o al menos con ricos colores y telas exóticas.

Realmente no tengo miedo a nada. No me preocupo del futuro porque me encanta vivir en el aquí y el ahora. Sí, puedo parecer pragmático e irritantemente capaz, pero mientras yo confíe en mi instinto siempre tendrás un amigo o una pareja leal en mí. Los amigos que me aceptan como soy saben que mi solidez es tan valiosa como el oro.

Mis compañeros de trabajo saben que soy un excelente administrador y que trabajo bien entre bastidores. Lo que no saben es lo celoso que puedo ser si otros alcanzan sus objetivos antes que yo.

Esto no es porque quiera lo que ellos tienen; solo soy materialista porque me gusta estar cómodo. Tengo que sentir que las cosas están bien, sino me vuelvo muy inseguro. Soy muy intuitivo con la gente y, a menudo, mis amigos se sienten atraídos por mí porque se sienten seguros o porque saben que puedo hacer que se sientan bien con ellos mismos. No es que yo les inspire con grandes ideales, sino que les proporciono cierta sensación de seguridad, buscando la solidez de sus sueños y dándoles una seguridad que les permite confiarme sus secretos.

Siento las cosas con mucha intensidad. Mis emociones son fuertes y a veces me llevan a tener escenas terribles con otros. Sí, mi testarudez es mi mejor y mi peor amigo. Es estupenda cuando hay que terminar un trabajo o cuando tengo que encontrar la determinación para lograr algo que otros habrían abandonado. Pero cuando me pongo testarudo, no me rindo ante nada, especialmente si la alternativa supone admitir que yo podría estar equivocado. El problema es que quiero tener la razón y normalmente asumo que es así y me meto en un pozo y me niego a moverme de ahí.

Los amigos y la familia, amantes y parejas son todos igual de valiosos para mí, pero también soy muy independiente. Todo lo que necesito son las cosas básicas de la vida. Comida, sexo, buena compañía, la naturaleza, el canto de los pájaros, la música... cosas simples y sanas. Tengo fama de ser muy indulgente conmigo mismo y hedonista a veces. Pero tengo que disfrutar del momento y de los pla-

ceres de la vida, y estas cosas no llegan solas: tienes
que salir y obtenerlas.

Muchas veces me dicen que tengo una buena
voz para cantar y para hablar, y que tengo un lado
artístico importante porque me identifico con la
belleza natural y con la sensualidad de la creatividad.
Necesito cargamentos de afecto; que me abracen,
me besen, me toquen y que me hagan cosquillas. Es
algo no necesariamente sexual, sino más bien sensual.

Me resulta difícil aceptar los cambios repentinos,
porque si algo puede cambiar tan rápido no merece
la pena darle mayor atención. Tengo que tener la
absoluta seguridad de que las cosas funcionarán lo
mejor posible. Un cambio lento está bien, pero las
acciones impulsivas no tienen cabida en mi capara-
zón de tortuga.

Soy muy sensible a la arrogancia y a lo preten-
cioso, y no perderé el tiempo conociendo a alguien
o cultivando un nuevo círculo de amistades si no me
encuentro a gusto. Después de todo, confío en mis
sentidos. Esto forma parte de lo más primitivo e instintivo de mi naturaleza y explica por qué la raza
humana ha sobrevivido tanto tiempo. Algunas personas piensan que primitivo es sinónimo de estúpi-
do, pero también puede significar el primero, el primero en saber la verdad sobre el hecho de existir.

Si tienes problemas, yo seré el primero en cal-
marte, ofrecerte consejo y darte una sensación de
realidad. Soy receptivo y me gusta cuidar de los
demás de verdad. A menudo me describen como
una persona serena; algo así como el agua en calma

en comparación con las grandes olas de los demás. Pero ser tan paciente y tolerante también puede aterrorizarme al pensar que puedo quedarme solo un día. A menudo me dejan o me abandonan una vez que he resuelto los problemas de los demás. El futuro no es algo en lo que piense muy a menudo, lo que explica por qué no tengo facilidad para aceptar el hecho de que las personas y los acontecimientos deben estar en movimiento.

En el trabajo no me consideran especialmente ambicioso, pero si me fijo en un puesto o en un trabajo que puede mejorar mi posición y mi comodidad material, estaré decidido a lograrlo. Lo duro es perder. Demasiadas veces espero hasta el último minuto para ofrecer mis servicios, y entonces es demasiado tarde porque alguien más listo, más rápido y más espontáneo se ha aprovechado de la oportunidad. Mi cautela puede ser mi perdición.

Las relaciones son algo muy difícil para mí. Necesito una pareja que sea misteriosa, alguien tranquilo más que extravertido, aunque a menudo me inclino por las personas más exageradas y apasionadas porque son muy emocionantes. Pero, esencialmente, necesito a alguien con quien pueda compartir mi amor por la naturaleza y las cosas buenas de la vida. Deben aceptar mi lado introspectivo, cuando tengo la necesidad de caminar por las montañas o por la orilla de la playa en momentos solitarios de conexión con la naturaleza. Después de una comunión así con la Madre Tierra, ya estoy listo para volver a tener compañía cercana. Las relaciones personales son importantes para mí porque tengo mucho amor y mucho cariño que ofrecer. ¡Amor significa compartirlo todo! Algunas personas dicen que soy sin duda el más sensual y sexual de los elementos, pero yo no soy especialmente consciente de ello. Sin embargo, ¡me encantan los baños, los masajes y los cuerpos!

Mi pareja puede pensar que soy un poco egoísta pero, a cambio, yo nunca soy desleal o impredecible. Más aún, soy una apuesta segura en lo que se refiere a relaciones a largo plazo. Una vez que me he decidido, ya está. Pero puedo ser insoportablemente pragmático y a menudo celoso, así que si alguien no puede aceptar este lado mío un tanto pesado, no se quedará conmigo por mucho tiempo. Yo no quiero ser celoso, pero a veces me invade un miedo terrible a ser rechazado, que es el origen de mi verdadera inseguridad. Ser querido y gustar a los demás es tan importante para mí como querer a otros. Si alguien me critica, seguro que me lo tomo por el lado malo. Me afectan tanto las cosas que, a veces, me siento durante horas preguntándome por qué he herido a alguien o qué he podido haber hecho para que estén decepcionados conmigo. Para cuando he pensado qué decirles, normalmente es demasiado tarde para arreglar las cosas. Dicen que la paciencia es una virtud, pero para mí paciencia también significa tolerancia. Soy increíblemente tolerante con lo que me nutre e igualmente intolerante con lo que no me aporta nada. Y ¡siempre sé cuál es cuál! Al menos no soy dubitativo o indeciso. Sé lo que quiero y sé que aunque pueda llevarme mucho tiempo conseguirlo, soy casi la única persona con la credibilidad y la determinación para hacerlo.

El elemento Metal

Tu energía es ambiciosa y resuelta

El elemento Metal en el entorno

El Metal se asocia tradicionalmente con el tigre, el Oeste, la plata, el color blanco y el otoño.

El metal se forja de la superficie de la tierra y es el resultado tanto de la solidificación gradual de la Tierra con el tiempo (que produce los metales que están en el mundo natural como el oro, el hierro, el cinc, el platino y el estaño) como del esfuerzo humano. Por eso el Metal representa el poder del conocimiento y la transmisión de información. El Metal hace realidad los conceptos abstractos. Para los chinos, metal significaba principalmente oro y, por lo tanto, representaba riqueza y poder. Aunque el oro y la plata son muy beneficiosos, rara vez se encuentran en nuestro entorno y deben manipularse con cuidado.

El punto de vista de una persona Metal

Dicen que soy el más extremista de todos los elementos y probablemente es verdad. Voy dando bandazos desde la autocompasión y melancolía, por un lado, hasta un optimismo y arrogancia extraordinarios, por otro. Esto refleja mi habilidad para regenerarme cuando estoy en mis momentos más bajos. Soy capaz de sumergirme en las profundidades de la desesperación por un desprecio insignificante, pero luego, una vez que me he vuelto a centrar en el propósito de mis sentimientos, rápidamente vuelvo a mi parte más entusiasta. Algunas personas dicen que soy carismático y que disfrutan de mi compañía; otros realmente me odian (porque doy la impresión de tenerlo todo bajo control). Eso es solo porque, en realidad, tengo miedo de que alguien se acerque demasiado y descubra mi lado vulnerable. Por fuera, todo lo que hago tiene un aire de frialdad, pero por dentro sufro muchísimo por una sensación de aislamiento.

Para compensar, organizo a todo el mundo. Se me da bien. Me gusta sentir que puedo solucionar cualquier crisis con mi ingenuidad y mi increíble sentido de la responsabilidad. Tomarme la vida tan en serio también me pasa factura y, a menudo, necesito descansar por las fuertes exigencias que me impongo. Ser capaz de funcionar bien en el trabajo y en mis relaciones es el mejor impulso para sentirme bien, pero si mis amigos o mis colegas son apocados, nunca podrán seguir mi ritmo.

Normalmente puedo saber si una idea nueva tendrá éxito, una habilidad que pone de manifiesto mi naturaleza sagaz y astuta. Asimismo, estoy decidido a tener éxito en las áreas en las que mi futuro está en juego. Sí, admito que soy ambicioso y no me asusta el trabajo duro. Pero me gusta estar solo y prefiero ir a mi ritmo que seguir al rebaño o al equipo. Probablemente se me dan mejor los deportes individuales, como el montañismo o la navegación, o combatir con mi propio ego y batir mis propias marcas antes que competir con otros. Tampoco me gusta mucho compartir responsabilidades con otros. El problema es que estoy tan seguro de que mi forma de hacer las cosas es la única, y la mejor, que si alguien lo hace de otra manera puedo llegar a ser totalmente inflexible y vengativo.

Puedo ver siempre lo que está pasando en los corazones y en las mentes de los demás. No es intuición, es más como ver por rayos X, y hasta mis mejores amigos a veces se asustan cuando en un momento sé lo que está ocurriendo.

Pero me siento solo por dentro. A veces esta parte solitaria de mi personalidad quiere salir fuera y buscar a alguien, pero soy tan reservado y determinado que prefiero retirarme con un libro o esconderme en la sombra antes que hacer el ridículo. Sé lo que quiero, y puedo ser increíblemente compulsivo con mis deseos. ¡No solo con los deseos sexuales! Llegar a la cima de cualquier profesión o trayectoria laboral es quizá lo que más me va. Esto también se aplica a las relaciones; me gusta ser el incitador. Aun así, una vez que me involucro con alguien soy, probablemente, el más leal de todos los elementos. Mi integridad es única y hay pocos que puedan criticarla.

Cuando pongo en marcha mi intuición y me lanzo a un riesgo al que otros no se atreven, normalmente se demuestra que tengo razón. Pero esto puede crearme problemas con mis amigos y mi familia. No se dan cuenta de que mi dedicación es infalible y que mis decisiones se basan en el estudio de las consecuencias de cualquier acto, no solo en las posibilidades. Las reacciones viscerales me van, sí, pero el razonamiento lógico tiene que formar parte del proceso de planificación también.

Mis amigos pueden confiar en mí para aconsejarlos, y ya que no soy voluble ni estoy interesado en el cotilleo, puedo guardar los secretos más grandes del mundo. Mis propios valores se basan en la integridad y en el éxito personal. Si viera que alguien no confía en mí como para ser su confidente, entonces me replantearía mi actitud. A veces, esto me hace parecer arrogante, interesado solo en mi propia autonomía. Pero, con toda mi alma, yo quiero compartir mi vida con una pareja que esté a mi nivel.

En las relaciones me gusta llevar las riendas o, al menos, sentir que ambos tenemos una identidad independiente. Eso quiere decir que tenemos nuestras propias vidas profesionales independientes y que socializamos con nuestros propios grupos de amigos así como con los del otro. Puedo ser bastante directo con mi pareja. Si, por cualquier razón, infravalora mi poder, probablemente la rechazaré. Una vez que una relación ha terminado, no importa la razón, e incluso si es por mi culpa, no hay marcha atrás por lo general. Es igual que yo haya cometido un error o que me hayan ofendido. Corto completamente con el pasado porque la supervivencia se basa en comenzar de nuevo.

Algunas personas nunca llegan a comprenderme ni a acercarse a mí lo suficiente. Supongo que la parte oscura de la vida es algo fascinante para mí y puedo guiar a cualquiera a esas tierras sombrías porque las conozco muy bien. Para mí, una crisis es siempre un momento decisivo, una oportunidad para la regeneración y una nueva fase en la vida. He experimentado tantos momentos de pérdida en mi vida que estoy acostumbrado a ello. Quizá por eso parezco tan frío e insensible. Pero he aprendido a base de cometer errores y sé lo fácil que es abusar del poder, particularmente del mío propio.

No es que no tenga sentido del humor, pero tiendo a ver la vida como algo serio. Cuando era pequeño, no creo que nadie me prestara mucha atención; yo era un tanto solitario, tranquilo y bastante tímido. Ahora he crecido, me siento maduro y tengo experiencia con la vida, y necesito amigos y relaciones que hagan destacar mi sentido de la responsabilidad y del deber. No es que no tenga sentimientos. Ya sabes, cuando estoy herido, estoy herido de verdad. Pero no quiere decir que esto se tenga que ver. Lo que hago normalmente cuando me siento herido es o vengarme tan rápidamente que la otra persona ni siquiera tiene tiempo para pensar, o dejo pasar el asunto totalmente. Algunas veces desaparezco de las vidas de los demás para siempre. Lo hago para que mis sentimientos se reconozcan y se sientan de verdad.

Lo que me gusta de la vida es subir a lo alto de la montaña. Es la emoción de saber que mi determinación tendrá su recompensa al final. Ser tan decidido puede irritar a los demás, pero yo sigo avanzando, indomable, hasta que llego allí.

En las relaciones íntimas el sexo es muy importante para mí. Tengo una líbido muy fuerte y puedo ser muy exigente. El problema es que no quiero renunciar a mi independencia y a mi soledad con facilidad. Una relación uno a uno permanente puede funcionar, pero tendría que estar completamente seguro de que podría seguir manteniendo mi estilo de vida. Esto puede entrar en conflicto con las necesidades de mi pareja, que puede pensar que soy una persona demasiado egocéntrica, cuando lo único que quiero en realidad es seguir viviendo mi vida plenamente. Sin apegos excesivos, sin canciones tristes, sin sufrimientos. Todo eso es demasiado doloroso.

Te advierto, tengo mis momentos de total melancolía y autocompasión. En la vida no siempre logramos alcanzar lo que queremos y hay momentos en que me convierto en una persona débil, deprimida y que se siente víctima. Sin embargo, esto puede ser algo muy sano para mí porque normalmente revivo y me recompongo habiéndome hecho más fuerte en la experiencia. A mis amigos les resulta imposible manejarme cuando estoy así, y quizá lo mejor es que me dejen solo. De hecho, los periodos de soledad pueden ser muy creativos para mí. A menudo mis mejores planes de futuro nacen en mis momentos más oscuros de autocompasión. Aun así, me gusta que me quieran como a cualquier otra persona, y mientras se respete mi integridad, mi espacio personal y mi libertad, puedo ser la pareja más leal, magnética y dedicada.

Capítulo dos
Las fases de los elementos

AHORA QUE YA CONOCES lo esencial de la energía de tu elemento de nacimiento, puedes pensar que no tiene mucha relación con tu vida, con tus
relaciones, con tu trabajo o con tu personalidad tal
como son en este momento para ti. Esto ocurre porque todos atravesamos ciclos de cambio en el mundo
exterior. Nuestra percepción cambia al igual que lo
hace nuestro entorno. Así que aunque seas Fuego
por tu nacimiento, puedes descubrir que actualmente te sientes como una persona Agua o incluso que
estás manifestando una energía que es más Metal.
Para saber cuál es tu elemento dominante actualmente o tu elemento clave, las frases siguientes, que
se relacionan con los distintos elementos, te ayudarán a determinar qué fase estás atravesando actualmente.

Identificarte con un elemento te ayudará a centrarte en las influencias y las energías más importantes que estás experimentando actualmente en tu
vida, y saber qué puedes hacer para disfrutar de una
armonía completa, interior y exteriormente en esta
fase. Una vez que hayas establecido qué elemento es

el que más te está influenciando ahora, lee las sugerencias sobre ese elemento que aparecen más adelante en este capítulo. Piensa en cada frase con toda sinceridad. El cuestionario solo será preciso si reconoces tus sentimientos y escuchas a tu corazón.

Cómo descubrir tu elemento clave

En las páginas siguientes hay secciones con diez frases cada una. Lee cada frase con cuidado y decide cuáles se identifican con tu actual modo de vida y cuáles no. Otorga a cada frase una puntuación según la siguiente escala del -1 al 3:

-1　No. ¡Nunca!

0　No. No me identifico con esto actualmente.

1　Esto es verdad solo ocasionalmente.

2　Esto es verdad a menudo.

3　Sí. Me identifico mucho con esto en el momento actual.

Una vez que hayas calificado todas las frases, suma los puntos utilizando el cuadro de puntuación (página 70) para ver cuál es tu elemento dominante o clave.

Relaciones íntimas

a　Prefiero una pareja que respete totalmente mi independencia.

b El amante que me va tiene que tener tanta pasión por la vida como yo.

c Necesito a alguien que sea cariñoso, competente y que sepa nutrirme.

d Prefiero una pareja que sienta inclinación por los asuntos humanitarios y la vida social.

e Prefiero que mi pareja sea impredecible y ingeniosa.

f En el tema sexual, prefiero ser yo quien lleve las riendas.

g A veces me gusta experimentar, pero en cuestión de sexo tiene que haber experiencia y madurez.

h Soy muy sensual y no me gusta que me metan prisa.

i Puedo ser una persona tímida con respecto a mi cuerpo y me resulta difícil soltarme de verdad.

Cuerpo/dieta/forma física

a Soy cuidadoso con la comida y tengo una dieta equilibrada.

b Creo que soy una persona sana, así que no me preocupo de lo que como.

c La mayoría de mis comidas son irregulares; como cuando me apetece.

d Normalmente sigo un régimen estricto, mi cuerpo es especial.

e Me encanta comer todas las cosas que no debo.

f El ejercicio es sinónimo de salud para mí y me ayuda a canalizar mi energía nerviosa.

g No tengo tiempo para ir a clases para mejorar mi forma física; prefiero trabajar.

h Si quiero estar en forma, lo hago con soltura: corro por todos lados, voy a todas las clases y leo todos los libros sobre dietas.

i El aire fresco y el campo son todo lo que necesito para estar en forma.

j Normalmente opto por caminar o andar en bicicleta siempre y no perjudicar el medioambiente.

Trayectoria profesional/vocación

a Soy una persona ambiciosa y, con seguridad, tendré éxito en mi profesión.

b Nunca sé lo que quiero hacer, ¡hay tanto donde elegir!

c Mientras pueda involucrarme en trabajos sociales o humanitarios, seré feliz.

d Necesito hacer algo creativo, incluso si no gano dinero con ello.

e Me entusiasmo con los nuevos proyectos y prefiero ser el que los promueve que ser parte de un equipo.

f Los colegas del trabajo dicen que soy avasallador, pero sé ver donde hay una oportunidad rápidamente.

g Los retos son lo que me motiva, siempre y cuando me sienta inspirado por ellos.

h Aunque prefiero trabajar por una causa, puedo encontrar una en cualquier lugar de trabajo.

i Me gustaría tener una profesión que tenga que ver con cosas hermosas, como cuadros, decoración de interiores o música.

j Quiero experimentar todo tipo de cosas en la vida, así que me es difícil decidirme.

Entorno/vacaciones

a Me siento más feliz leyendo un libro y en mi propia compañía.

b Necesito estar fuera, en los espacios abiertos: mucho aire puro, las montañas y el mar.

c Me encantan los restaurantes llenos de gente cantando y riendo, donde haya abundante vino y comida.

d Viajar, conducir de un sitio a otro, volar de ciudad en ciudad y estar en movimiento es esencial para mí.

e Prefiero disfrutar de un baño maravilloso, que me den un masaje y salir a disfrutar de una cena estupenda.

f Todo lo que necesito es una playa, el sol y un maravilloso vino.

g Haría un curso sobre astrología, acupresión o aromaterapia; cualquier cosa que estimule la mente acompañado de gente con mis mismos intereses.

h Lejos de los tumultos: en la montaña más alta o en la isla más solitaria, lejos de todo el mundo.

i Una isla del Caribe con muchos deportes de agua, una vida nocturna estimulante y mucha diversión.

j Un viaje por el Amazonas, un safari en África o una caminata por los Himalayas.

Familia/casa

a Prefiero tener pareja o compartir un apartamento. No me gusta nada estar solo.

b Prefiero vivir solo o, si no, tener una pareja que me deje mucho espacio y una habitación para mí.

c Mi casa tiene que ser bonita y todo debe estar cuidadosamente elegido.

d Mi casa sería minimalista. No puedo soportar el caos y, de todas formas, tampoco pasaría mucho tiempo en ella.

e Si no pudiera vivir en una caravana de gitanos, entonces tendría que ser un lugar exagerado y poco convencional.

f No me gusta especialmente tener niños a mi alrededor; mi profesión es más importante.

g Mis hijos son la creación más especial de mi vida; me gusta considerarlos como mis amigos.

h Aún no pienso en tener hijos; primero hay que divertirse en la vida.

i El mundo es mi casa, y si tuviera hijos, tendrían que compartir mi punto de vista de que el mundo también es mi familia.

j Mimaría a mis hijos y me aseguraría de que se sienten seguros, queridos y a salvo.

Cómo averiguar cuál es la energía de tu elemento

1 Utiliza el cuadro de puntuación (tabla 2) en la página siguiente.

2 Repasa las respuestas de nuevo y escribe la puntuación que has dado a cada frase en la tabla, dentro de las columnas de cada elemento. Verás que las frases de cada sección están ordenadas según los distintos elementos. Simplemente escribe la puntuación en cada columna de elementos.

Por ejemplo:

Si no has dado ningún punto a la frase «a» en la sección de Relaciones, entonces escribe un cero al lado de «a» y así sucesivamente, como a continuación:

	Fuego	Tierra	Metal	Agua	Madera
Relaciones	b = 0	c = 3	a = 0	e = 2	d = -1

Tabla 2: Cuadro de puntuación

	Fuego	Tierra	Metal	Agua	Madera
Relaciones	b = 2	c = 2	a = 3	e = 2	d = 1
	i = 1	h = 2	f = 2	j =	g = 2
Cuerpo/forma	b = 1	e = 1	d = -1	c = 1	a = 1
Física	h = 0	i = 1	g = 2	f = 1	j = 1
Profesión	e = 2	d = 1	a = 1	b = 1	c = 1
	g = 1	i = 2	f = 1	j = 1	h = 1
Entornod =	e = 2	b = 1	c = 1	a = 2	d = 1
	i = 2	f = 0	h = 0	g = 1	j = 0
Familia/casa	e = 0	c = 2	d = 0	a = 2	b = 0
	h = 1	j = 2	f = 0	g = 2	i = 2
TOTAL	12	14	8	13	10

Ahora, suma la puntuación de cada columna de elementos. El elemento con la puntuación mayor será tu elemento dominante o clave en el momento actual. No obstante, si dos elementos tienen la misma puntuación máxima, lee ambas secciones de las fases de los elementos y decide con cuál sientes más afinidad.

Si todos los elementos están muy igualados, entonces utiliza tu elemento de nacimiento como tu elemento clave. Sin embargo, si un elemento resulta muy bajo, esto es, uno con una puntuación muy baja, entonces puede servirte de ayuda leer sus características para establecer qué beneficios de esta energía pueden estar faltando en tu vida.

Ten en cuenta que cada fase de cada elemento se ha dividido en una fase de la luz y una fase de la oscuridad. Hay veces que estamos atrapados en las cualidades positivas de la energía de un elemento y la vida parece llena de alegría; otras veces nos vemos obligados a tratar con las formas de expresión más negativas, cuando nuestras vidas están atravesando una crisis, dolor o un conflicto.

Es muy útil leer las características de ambas fases (luz y oscuridad) y decidir cuál de ellas se aplicaría a ti.

Cuando hayas leído la sección relevante para ti, ve directamente al capítulo del palacio de ese elemento para saber cómo mejorar y armonizar todos los aspectos de tu vida.

Si estás atravesando una fase del elemento Madera

Luz

Puede que te sientas atraído hacia gente poco convencional, que estés más rebelde de lo normal o que quieras hacer cambios expansivos que afecten a todos los que están a tu alrededor. Pueden ocurrir cosas extrañas y puede que te encuentres implicado en cuestiones sociales o políticas que normalmente no son de tu gusto. Las grandes preguntas sobre qué es la vida y qué le está ocurriendo al mundo pueden ser más provocadoras e importantes para ti que las cuestiones individuales. Las amistades cercanas y personales empiezan a parecerte innecesarias, y puede que prefieras la compañía de muchos a la intimidad de unos cuantos.

Puede que estés más sociable, que vayas más a fiestas, que te unas a actividades campestres o a grupos humanitarios. Quizá te sientas desapegado de tus sentimientos y que prefieras racionalizar objetivos más que hacer caso de reacciones viscerales o de la intuición. Puede que quieras mejorar lo que te rodea y que te sientas atraído por colores y por una forma de vestir que normalmente encontrarías extravagante y excéntrica. Es un tiempo de visión de futuro y de cuestiones prácticas, un momento en el que pertenecer al colectivo es más satisfactorio y compensador que el engrandecimiento personal; pero también es un momento en el que debes mantener tu independencia y tus ideales a toda costa.

Oscuridad

Las relaciones pueden ser difíciles. Tu pareja puede parecerte posesiva o demasiado exigente. Quizá necesites más libertad y responder a la urgencia de viajar, de descubrir nuevas experiencias y lugares por ti mismo. Otros pueden mirarte con desconfianza, especialmente porque quizá les parezcas más rígido y difícil que de costumbre. Te pueden acusar de ser arrogante con tu altruismo, pero estarás tan inspirado por tus ideales y tu visión de futuro, que no tendrás tiempo de escucharlos. Aunque no te prodigues mucho, puede que conozcas a mucha gente y que esperes cambiar su visión de la vida con tus propias ideas. Habrá momentos en los que te sentirás capaz de hacer realidad cualquier idea abstracta y en los que el futuro se muestre lleno de posibilidades ilimitadas tanto para ti como para el mundo.

Este es un momento en el que tu libertad es de la máxima importancia y no estás preparado para responsabilizarte de los sentimientos de los demás. Los grandes temas de repente tienen una importancia enorme, mientras que el papel de los individuos merece muy poca atención por tu parte. Quizá a los demás les moleste tu visión liberal y puede que te involucres en discusiones por defender la libertad por encima del compromiso.

Si atraviesas una fase del elemento Metal

Luz

Puede que tengas una abrumadora sensación de que vas a tener éxito en algo en lo que estás a punto de embarcarte, como si casi cualquier misión imposible fuera a tener un resultado lucrativo y bueno. Tienes la fuerte creencia de que solo tú puedes escalar el pico de esa montaña en particular. Inspirado por un profundo sentido de integridad, empiezas a sentir que verdaderamente te conoces y comprendes tus razones y tus objetivos en la vida. Puede que te sitúes en una posición de poder, desde donde logres asegurarte del beneficio de los demás así como del tuyo propio. Promover nuevas ideas en el trabajo o entre la familia puede darte una sensación de nueva autonomía. De hecho, puede que a los demás les parezcas una persona más decidida que nunca, poniéndote nuevos objetivos personales que solo van a hacer mejorar tu bienestar financiero y emocional.

Tu pareja puede ver en ti a una persona apasionante y magnética. Aunque serás atractivo sin saber por qué, mantendrás un aire de secreto y desapego, sintiéndote cómodo en tu soledad. Puede que seas más exigente sexualmente, pero no asumes que los demás son menos valiosos que tú mismo, y coordinarás tus metas personales con las necesidades de los demás. El olor de las flores te parecerá más dulce que antes, la comida puede intoxicar tus sentidos y lo mismo te ocurrirá con un buen vino y otros lujos, mientras descubres una necesidad por tener lo mejor en la vida. Puedes encontrarte con que, por una vez, el dinero no se te escapa entre los dedos y tu ropa y tu apariencia tienen una gracia refinada y elegante. Puede que estés a la búsqueda de una gran transformación.

Oscuridad

Puedes ser muy radical en todo lo que hagas; puede que te encuentres implicado en escenas emocionales con tu pareja simplemente por probar que tienes razón. Quizá te sientas avocado a hacer un cambio total en tu vida, un cambio que puede costarte la pareja o una forma de vida que ha significado mucho para ti.

Los demás quizá te vean reservado y sospechen que estás escondiendo algo, cuando lo que ocurre es que no encuentras las palabras para poder expresarte. La familia y los amigos pueden insistir en que te has vuelto una persona melancólica, y puede que te sientas deprimido y abatido con respecto a la vida y a tu carrera o profesión. Habrá momentos en los que no podrás tolerar a los demás y serás inflexible en tus decisiones y convicciones. El vino te olerá más amargo y la comida y las tiendas de tu barrio no te darán la calidad que tu exiges.

Incluso la compañía de tus mejores amistades no estará a la altura de tus altas expectativas e ideales. Puede que te sientas incómodo en el campo y únicamente quieras estar solo con tus pensamientos o que te involucres en un modo de vida de ritmo rápido que no te de tiempo a reflexionar sobre tus sentimientos o miedos.

Si estás atravesando una fase
del elemento Tierra

Luz

Puede que te sientas más centrado que de costumbre y que percibas la necesidad de tener una vida más serena y pacífica antes que tener muchos intereses distintos. Otros pueden verte como una persona cariñosa, generosa y como un baluarte de calma y seguridad. Puede que te sientas más interesado por la naturaleza y el medioambiente o que descubras que puedes disfrutar de la vida simplemente dejándote fluir con la corriente. Los problemas del pasado y los miedos por el futuro pueden desaparecer mientras que, cada noche, te metes en la cama con una sensación de cariño hacia tu pareja (si la tienes), hacia ti y hacia tu familia y amigos o, incluso, hacia aquellas personas que normalmente te desequilibran.

Quizá disfrutes de los placeres de la vida con una nueva perspectiva. La sensualidad se convierte en una palabra clave, según la cual todo se debe tocar y oler como si fuera la primera vez, o escuchar con oídos nuevos. Puedes sentir la belleza en todo y también apreciar la parte más desagradable que la vida trae con ella. Puede que te sientas inclinado hacia lo artístico, que sientas la necesidad de componer música, cantar, caminar por la naturaleza, pasear por las montañas o disfrutar de espectaculares atardeceres en países recónditos para acercarte al máximo a la naturaleza. Puede que los demás sientan que tus palabras tienen una gran profundidad, que pareces pausado y coherente en tus puntos de vista, libre de inseguridades. Puede que busques la compañía de libros y jardines más que las fiestas y bares, y que te apetezca dedicarte algún tiempo para disfrutar y mimarte.

Oscuridad

Es posible que sientas que, de repente, la vida es estática, que no te mueves hacia delante ni disfrutas del presente. Estás atrapado por una sensación de inercia y puede que no te apetezca ir a fiestas, visitar a esos parientes o ni siquiera ir a buscar a tu nuevo amigo o amante al tren. La gente que te rodea puede pensar que te has convertido en una persona materialista y estancada en tu forma de hacer las cosas. Puede que seas innecesariamente testarudo en tus puntos de vista y en tus convicciones y te hagas más posesivo y sobreprotector con tu pareja, familia o amigos, quienes, a su vez, te ven como una persona demasiado emocional e indulgente. En momentos de conflicto y resistencia, cuando normalmente podrías irte sin sentir que has perdido una batalla, puede que te niegues a cambiar tu posición.

Es posible que le pidas más a tu pareja y que, en general, todo el mundo te esté echando sus problemas encima, cuando no tienes fuerzas suficientes ni para ti mismo ni, por su puesto, para solucionar o aplacar las discusiones familiares. Puede que tengas un comportamiento adictivo. El chocolate, el alcohol y enamorarse, todo ello será más atractivo cuando estás atravesando la fase oscura del elemento Tierra.

Si estás atravesando una fase del elemento Fuego

Luz

Una optimista sensación de bienestar puede llenar tus días y confías en que puedes llevar a cabo cualquier cosa. Quizá hasta puedas compartir esta sensación e inspirar a otros y que ellos también se sientan revitalizados solo con tu presencia. El mundo parecerá un lugar lleno de oportunidades, y puede que muchas veces necesites aventurarte y salir al exterior siguiendo ese impulso.

Ya sea que te pongas la mochila a la espalda y te vayas a caminar por tu paisaje favorito o que te vayas de viaje a algún lugar salvaje, emocionante y remoto, tu motivación será el riesgo y cualquiera que no esté a la altura de tus imposibles expectativas verá que pasas por sus vidas arrasando como un incendio. Puedes quemar a otros con tu audacia y que los rechaces porque piensas que son demasiado cautelosos o prácticos.

Iluminarás las vidas de todos con tu inspiración y entusiasmo, saltando entre sentimientos de desenfreno y la necesidad de empezar algo nuevo, y la necesidad de involucrarte en algún gran proyecto. Te atraen los riesgos, y sea cual sea el impulso que te lleve hacia delante, valdrá la pena. Otros comentarán lo temerario que te has vuelto o cómo admiran tu repentina necesidad de independencia y libertad.

Puede que tengas fantasías o sueños espectaculares, atractivos y espiritualmente elevadores. Quieres vivir la vida plenamente y disfrutar de esta inspiración dinámica y colorista.

Oscuridad

Quizá te sientas extremadamente impaciente, irritado por lo despacio que van las cosas y creas que tienes que hacer algo impulsivo para conseguir resultados. Tu habitual capacidad de ser una persona lógica y de saber cuál es el momento correcto o conocer las posibilidades de un proyecto desaparecen de repente, ante un deseo irracional y repentino de arriesgarte y de saltar hasta el fondo.

Es probable que sientas la necesidad de hacer un cambio radical en tu vida, que de repente dejes de hacer las cosas como solías, algo que normalmente no te plantearías. Quizá estés convencido de que cualquier decisión que tomes será la correcta y no consideres las consecuencias de tus acciones.

Puedes ser abiertamente provocador, asumir riesgos en el amor o las finanzas y, generalmente, parecer una persona testaruda y muy avasalladora.

Tal vez tengas una aventura amorosa apasionada, de esas que pensabas que no eran posibles. Pero, al mismo tiempo, puede que no hayas pensado lo seria y peligrosa que puede ser esta relación para tu futuro. En el trabajo, puede que te sientas repentinamente ambicioso y quieras más éxito del que normalmente disfrutas. Al manipular y desautorizar a los demás para conseguir tus objetivos, puedes llegar a hacer comentarios con poco tacto y quizá te digan que eres una persona brusca o que vas demasiado lejos. Con una mente demasiado llena de fantasías sobre el amor, sobre tu trayectoria profesional y sobre el futuro, puedes estar prestando poca atención al presente.

Si estás atravesando una fase del elemento Agua

Luz

Puede que te sientas más intuitivo que de costumbre, en especial sobre cuál es el momento adecuado de actuar o de elegir. Puedes sobresalir en tu capacidad de escuchar los problemas de otras personas y que te tomes un descanso de los tuyos propios. Todas las personas que te encuentras parecen tener un aura especial y, misteriosamente, te encuentras atraído por amigos, amantes o colegas del trabajo con los que antes nunca hubieras estado ni en sueños.

El mismo concepto del tiempo parece haber cambiado para ti. En un momento sientes que debes comprometerte a hacer un cambio o tomar una decisión con respecto a tus circunstancias, y al momento siguiente simplemente te adaptas. Los demás pueden decir que estás muy soñador o en el aire. Puede que lleves un estilo de vida muy social mientras atraviesas esta fase: saliendo todas las noches, yendo a cenar y a beber, enamorándote de cualquier posible amante. Los romances estarán en alza. Puede que te unas a alguien y, al minuto siguiente abandones a esa persona tan pronto como veas que no está a la altura de tus expectativas. Quizá sientas que te puedes comunicar con cualquier persona.

Las personas desconocidas, la familia y los amigos pueden beneficiarse todos ellos de tu percepción. Algunos se asombrarán de tu habilidad de entretener y persuadir de una manera tan encantadora. Serás invitado a fiestas y a eventos sociales, y tu autoestima estará muy alta. Estarás muy sociable y cautivador, y hasta tus ojos tendrán una cualidad seductora y luminosa. Este es un momento en el que puedes encantar y revitalizar mágicamente tanto a tu persona como a los que están cerca de ti.

Oscuridad

Los amigos pueden decir que eres voluble y ambiguo, aunque muchas veces se encontrarán contándote sus secretos más profundos y sus miedos más grandes. Puede que sientas que la energía psíquica de los demás te ahoga, que la cargues contigo hasta que sientas la necesidad de ser creativo o de hacer algo radicalmente diferente solo para liberarte de su influencia invasora. Quieres comunicarte con cualquier persona con la que te encuentras, confías en personas desconocidas y en el mundo porque quieres probarte que al final las cosas salen bien. Puedes sentirte profundamente herido si alguien te infravalora y esto, normalmente, no te hubiera afectado en absoluto. Puede que te sientas impresionable y sacrificado. Puede que tengas opiniones conflictivas, que te veas diciendo una cosa y creyendo otra, haciendo una cosa y pensando otra.

Esta dicotomía no te alarmará; por extraño que parezca, te será reconfortante y fácil no estar apegado a una idea, a una persona o a una creencia. Las personas de tu trabajo pueden estar un poco temerosas por tu inconsistencia y porque ven que es muy probable que hagas algo impredecible. También puede que seas una persona más crédula y te creas todo lo que escuchas. Este es un momento en el que tus instintos están agudizados, pero tu mente lógica no está centrada y se halla desperdigada en demasiados pensamientos, demasiadas opciones.

En casa puede que te vuelvas una persona desorganizada, neurótica con tus posesiones. Puede que te cambies muchas veces de ropa, que cambies los muebles de sitio o, incluso, que los vendas. Puede que el dinero se te escurra entre los dedos demasiado rápido y te empezarás a sentir culpable por todo lo imaginable que va mal en tu trabajo y en tu casa.

Ahora que ya sabes qué elemento te está influenciando en este momento, o el elemento dominante o clave, ve al capítulo del palacio correspondiente y sigue su camino para descubrir cómo equilibrar y armonizar tu vida. Si actualmente te identificas con tu propio elemento de nacimiento, ve al palacio que le corresponde.

Capítulo tres

El Palacio del Fuego

Cristal: cornalina o sanguinaria
Talismán natural: piña (de pino)

Primero, comprueba si este es el elemento predominante para ti actualmente o si es tu elemento clave. Si este no es tu elemento natural de nacimiento, habrás visto que tu energía cambia a lo largo del año. Cuando así sea, simplemente vete al palacio del elemento que te corresponda.

El Huerto tiene que ver con la belleza interior y exterior, con el cuerpo, la forma física, el entorno y sirve para potenciar tu éxito y tu valía personal. Contiene consejos de Feng Shui para mejorar tu casa, incluyendo rituales, ciclos de la Luna y de los chakras, símbolos y afirmaciones mágicas y formas de aumentar tu poder, así como los momentos propicios del año para tomar decisiones o para planificar.

La Cámara Secreta es el lugar en el que puedes descubrir qué es lo que puedes ofrecer a los demás y qué necesitas aprender y desarrollar mientras atraviesas esta fase.

Cuando atraviesas la puerta del Palacio de Fuego estás comenzando un viaje en el que la luz del Sol, las plantas del verano, las fragancias de la temporada y los cristales pueden alimentar tu cuerpo, tu mente y tu espíritu. Si estás en una fase del elemento Fuego, necesitas descubrir cómo crear y mantener armonía en tu vida, ya estés en la fase oscura del Fuego o en la fase de luz.

El Huerto

Tu apariencia física y tu bienestar son, sencillamente, la manifestación externa de cómo te sientes por dentro, emocional, mental y espiritualmente. Trabajar con estos tres aspectos a la vez no es fácil y puede que te encuentres con que es mejor concentrarse en un solo tipo de energía a la vez. Si el Fuego es tu elemento dominante de nacimiento, necesitas observar qué simboliza y qué representa el Fuego en tu vida, complementando y equilibrando este con los demás elementos. El Fuego se puede beneficiar de la incorporación de los otros cuatro elementos del entorno, pero especialmente de la Madera y la Tierra.

Forma física

El Fuego, por naturaleza, requiere acción y expresión dinámica. Ya estés en una fase oscura o de luz del elemento Fuego, es importante que permitas que tu cuerpo dé expresión a esta potente energía.

Las personas Fuego están mejor cuando realizan una actividad física, ya sea escalar rocas o correr rápida y enérgicamente por la calle. Según la astrología china tradicional, el Fuego está conectado al planeta Marte. Marte es caliente y asertivo. Al expresar tus necesidades físicas y al canalizar esta fuerza de una forma positiva puedes liberar tensiones y aumentar tu capacidad para la armonía, mental, emocional y físicamente. Las carreras de automóviles, montar a caballo en competición y el atletismo son deportes apropiados para expresar una excesiva energía Fuego.

El Agua es el elemento menos compatible con el Fuego, aunque puede introducirse con cuidado. En pequeñas dosis, nadar puede ser beneficioso, pero solo si puedes hacerlo en piscinas y en lugares seguros. Sin embargo, no te dejes tentar por los deportes de agua, porque es probable que el Agua agote tu exuberancia y tu espíritu natural. Tampoco es recomendable el buceo en las profundidades o ir en canoa por los rápidos si sientes una fuerte conexión con el elemento Fuego.

Los juegos de equipo pueden darte el ejercicio físico que necesitas, pero puedes entrar en conflicto con la responsabilidad compartida, a menos que puedas ser el líder del equipo o el capitán. Cualquier tipo de ejercicio que sea fuerte, duro y muy dinámico te irá bien también, y puedes notar que tienes ráfagas de energía en momentos en los que los demás preferirían dormir o dar un paseo tranquilo por el campo. La gente Fuego necesita moverse, y también les gusta arriesgarse o experimentar situaciones peligrosas. Si hay riesgo de por medio, cualquier deporte o actividad que les ponga a prueba será beneficiosa siempre y cuando haya mucha acción.

Cómo dar vitalidad a tu yo interior en las cinco estaciones del año

Para complementar y equilibrar un alto nivel de energía de Fuego, se pueden incorporar remedios de Tierra y Madera para embellecer y fortalecer tu cuerpo interior y exterior.

Los chinos tienen cinco estaciones en el año en vez las cuatro nuestras. Son: primavera, verano, la estación de la Tierra, otoño e invierno. El Diagrama 5 muestra cómo se relacionan con los cinco elementos y con el Fuego en particular.

Como verás, el verano es la estación del año más propicia para el Fuego. Es una época en la que te sientes vivo porque el Sol te da su energía. Simbólicamente la Luna está alta en el cielo y casi llena, pero sigue creciendo, aprendiendo y expandiéndose. En el año chino de cinco estaciones, el verano está dividido en verano y la estación de la Tierra, y llega hasta nuestra primavera y otoño. Sin embargo, el solsticio de verano, unos días antes de nuestro «día más largo», tiene lugar justo en la mitad de la estación del verano y, si estás atento a los ritmos y a los ciclos naturales, notarás una sutil pero profunda diferencia en este momento del año. Ya que el cambio de una estación a otra varía de año en año, utiliza las fechas del diagrama solo como una guía aproximada. Por ejemplo, si no sientes que la primavera ha llegado realmente el 5 de marzo, no empieces a hacer las tareas de primavera hasta que «sientas» que es el momento correcto. Puede variar unos cuantos días, o incluso una semana hacia ambos lados de estas fechas.

Cada estación marca un momento específico para cuidar de tu cuerpo, tu entorno o tu bienestar interior. Utiliza el siguiente calendario para ayudarte. Al incorporar más específicamente elementos de Feng Shui de Madera y Tierra, y al utilizar con mayor cuidado los aspectos de Metal y Agua, puedes equilibrar tu elemento Fuego en cada estación propicia.

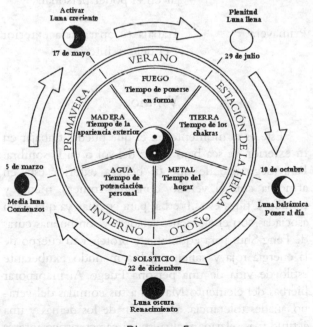

Diagrama 5
Las cinco estaciones del año para el elemento Fuego

Verano	Trabaja la belleza exterior, el cuerpo, la forma física y la comida.
Estación de la Tierra	Tiempo para trabajar con los chakras para la armonía interior.
Otoño	Concéntrate en tu entorno en el hogar.
Invierno	El mejor momento para trabajar en el poder personal.
Primavera	Trabaja tu apariencia exterior y el deleite interior.

Verano

Este es el momento en el que puedes trabajar en tu exterior, ya sea bajo la luz del sol o en la sombra. Para asegurarte de que tu belleza exterior está en armonía con el verano, consigue romero, menta y tomillo. Utiliza estas hierbas para cocinar, ya que están asociadas con el elemento Madera y son buenas curas de Feng Shui para equilibrar y proteger tu cuerpo de la energía roja y caliente del, a menudo, exuberante estilo de vida de una persona Fuego. Al incorporar hierbas del elemento Madera a tus comidas del verano, añades tolerancia, aceptación de los demás y una actitud más relajada y altruista, al característico interés personal apasionado de una persona Fuego.

El romero da protección y nutre, algo que el Fuego no sabe muy bien cómo dar a otros. Cuelga una guirnalda de romero en la puerta de tu cocina para llenarte de recuerdos positivos, porque una persona Fuego está normalmente pensando en el futuro y evita reflexionar sobre el pasado. No pongas demasiado romero porque es muy potente.

El tomillo es esencial para mantener la juventud del Fuego y su encanto infantil. Desmenuza las hierbas secas en pequeños puñados, llena con ellos un recipiente especial de barro y déjalo cerca de tu baño para añadirle un matiz especial si vas a salir por la noche. Puedes hacer encantamientos con tomillo: desperdiga un poco en el agua del baño y, antes de que te relajes en la bañera, recuérdate que el Fuego necesita a la Madera para arder mejor y con más brillo. Tu belleza exterior aumentará mucho cultivando una sensación interior de bienestar y tranquilidad, independientemente de lo pasional que quieras parecer cuando salgas.

Haz aceites de hierbas dejando el tomillo o el romero en aceite de oliva durante unos días. Utilízalos al cocinar y realzarás la Madera, con lo que tu sistema digestivo y tu metabolismo se equilibrarán y tendrán más energía. Un refrescante té de menta ayudará a clarificar tu mente.

Ritual de verano

El día del solsticio de verano haz un ritual con plantas o con hierbas para que te traiga éxito y gozo para el año venidero. El Fuego se abastece de la

Tierra, la necesita para que las cenizas se transformen, y las ascuas brillen e irradien calor. De manera similar, cuando estás en una fase del elemento Fuego, necesitas calentarte y animarte internamente para asegurarte de que no solo es tu apariencia externa la que está viva y dinámica. Las personas Fuego a menudo se queman a sí mismas demasiado pronto, y este ritual de Tierra puede «rebajar» los impulsos excesivos del Fuego hasta un nivel más aceptable.

Realiza el siguiente ritual de Tierra ya sea en el mismo solsticio de verano, al amanecer o anochecer, o en las noches *antes* del día del solsticio de verano. Si no sabes el día del solsticio de verano, recuerda que también se conoce como el «día más largo» y normalmente cae en el 21 ó 22 de junio; consulta el periódico para cerciorarte.

En el jardín, o el cualquier sitio bajo el cielo de verano, coloca dos velas rojas (serán tus tótems de Fuego). Entre ellas coloca tu talismán de Tierra, que pueden ser unas piedrecitas sin pulir, guijarros o cristales de roca, dentro de un recipiente de barro o de porcelana. (Debes haber obtenido el talismán tú mismo, de una playa, del campo o de una tienda.)

Después, reúne hojas o pétalos de las siguientes plantas: geranio, madreselva, romero, caléndula, clavellinas y roble. No te preocupes si no puedes reunir todas ellas; selecciona las que puedas. Después hay que secarlas. La manera más rápida es esparcirlas en una bandeja y meterlas al horno durante unos minutos. Pero si tienes tiempo, cuélgalas en una ventana soleada durante unos días, o colócalas con cuidado en una alacena en la que entre el aire.

Cuando se hayan secado, machácalas con un mortero hasta que quede un polvo fino, o utiliza la parte de atrás de una cuchara de madera o una tabla de cortar de madera. No utilices instrumentos metálicos para esto. El metal no es un buen «mezclador» en los rituales de Fuego.

Ahora, esparce un poco de este polvo sobre las piedras. Esta mezcla de hojas o pétalos simboliza la energía del Fuego. Al echar unos pellizcos sobre tu talismán de Tierra, estás ofreciendo tu propia energía al elemento armonizador natural de la Tierra.

A la salida del Sol o cuando se ponga, utiliza un poco del polvo de energía de la Tierra y espárcelo sobre las llamas de las velas. Hazlo con cuidado para que no se apaguen y un exquisito aroma te envolverá. Mientras tanto, haz la siguiente afirmación: «Yo soy de Fuego y como Fuego arderé luminoso. Con pasión, con imaginación, sabiduría intuitiva y con optimismo. Que esta imagen clara fluya a los corazones de los demás así como al mío propio, limpiando y dando vitalidad a mi cuerpo y a mi belleza exterior».

Estación de la Tierra

Para el Fuego, este es el momento del año para centrarte en la energía de tus chakras. Chakra es una palabra sánscrita que significa «rueda». Estas ruedas son centros de energía localizados en siete puntos que se extienden desde la base de la columna vertebral hasta la parte superior de la cabeza. Estas espirales de energía invisible vibran y se relacionan con muchas otras energías, y se corresponden con todos los aspectos de nuestra vida. Al trabajar con cada chakra puedes despertarte a una energía más positiva. Para la belleza y la armonía, necesitas trabajar sobre la sensualidad y el carisma. Cuando estás en una fase Fuego, o cuando sientes una profunda conexión con el Fuego o es tu elemento de nacimiento, necesitas trabajar en especial con los chakras que corresponden a la Tierra y a la Madera (ver Diagrama 6).

Esta es una descripción simplificada de las asociaciones de la energía de cada chakra:

Elemento Tierra   (Chakra raíz): Energía sólidamente enraizada, centrada, expectante, de aceptación.

Elemento Agua   (Chakra del Sacro): Receptiva, creativa, sensible, sexual.

Elemento Fuego   (Chakra del Plexo Solar): Vitalidad, visión de futuro, entusiasmo, optimismo.

Elemento Madera   (Chakra del Corazón): Amor desinteresado, compasión, ideales, altruismo.

Elemento Metal   (Chakra de la Garganta): poder, verdad, confianza, responsabilidad.

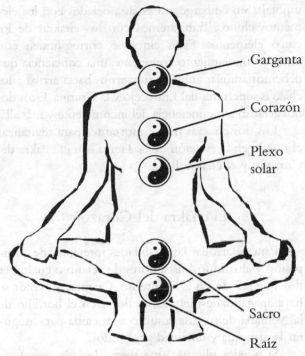

Diagrama 6
Los cinco chakras

*Otros cinco chakras han sido «descubiertos» más reciente-
mente, pero para los propósitos de nuestro viaje por los elementos, no necesitamos profundizar más en este respetado
sistema de autoconocimiento, crecimiento y sanación.*

Los otros dos chakras son el chacra del Entrecejo
(energía psíquica, intuitiva, percepción, espíritu) y el
chakra de la Corona (conciencia cósmica, alma, el

umbral). Sin embargo, no están asociados con los elementos chinos. Trabajaremos con los chakras de los cinco elementos. Estos cinco se corresponden con nuestro conocimiento consciente, una conciencia que debemos asimilar antes de movernos hacia arriba a los chakras superiores del Entrecejo y la Corona. Estos dos nos acercan a la conciencia del inconsciente y más allá.

Los dos chakras más importantes para revitalizar el Fuego en la estación de la Tierra son el chakra del Corazón y el chakra Raíz.

El chakra del Corazón

Para desarrollar las cualidades interiores de compasión y altruismo, busca flores de aciano o cualquier flor que sea de un azul intenso. Cuando su color se haya apagado, desmenuza las flores en el bordillo de las ventana de tu casa o junto a tu cama para asegurar la armonía y felicidad para todos.

Si puedes obtener una pieza de jade, asegúrate que sea de color verde esmeralda oscuro, conocido como *feits´ui* por los chinos, o jade imperial. Esta piedra, considerada por sus propiedades, puede colocarse en el bordillo de la ventana durante siete noches (que corresponden a los siete chakras) para absorber la luz de la luna. Si no puedes conseguir jade, la malaquita es igualmente poderosa. Sin embargo, cerciórate de que no ha sido pulida.

Una vez que la piedra ha sido limpiada por la luna, llévala contigo para que dé calor al chakra de tu corazón con generosidad y compasión.

Chakra Raíz

El chakra Raíz es donde se genera nuestra energía base. Cuando estamos en una fase Fuego es probable que nos sintamos atraídos a hacer elecciones espontáneamente, más que con cautela, desafiando a la prudencia. El despertar de la sensualidad y las experiencias más tranquilas que están asociadas con el chakra Raíz, pueden alcanzarse colocando pétalos de rosa bajo tu almohada por la noche para que los puedas percibir y para que te nutran. Para enfatizar tus cualidades seductoras y para descubrir que tus chakras están a más profundidad que tu piel, añade unos cuantos granos de eneldo al agua del baño antes de tener una relación íntima y te harás irresistiblemente atractiva. Al ser Fuego, quizá pienses que eres el animal más ardiente de la selva, pero si tu chakra Raíz está dormido nunca encontrarás esa calidez verdaderamente intoxicante de la sensualidad.

Para asegurarte de que logras tener una base más sólida desde la cual tomar decisiones y honrar tus propias necesidades, coloca una piedra de la luna en la habitación que más utilices de la casa y tócala cada vez que pases por ahí. La piedra de la luna tiene la cualidad de ponerte en dirección hacia el resultado de las elecciones futuras; te da tiempo para poder enraizar tus impulsos en vez de pasar a la acción apresuradamente.

La piedra de la luna permite que la energía de tu chakra Raíz fluya con mayor conciencia, algo que es difícil teniendo en cuenta la testarudez de una persona Fuego. Con tu chakra Raíz desbloqueado, puedes descubrir que tu cuerpo se hace más consciente de lo sensual en vez de estar en constante actividad.

Otoño

Para el Fuego, el otoño es el tiempo de enfatizar la belleza y hacer que se refleje en tu hogar y en todo lo que te rodea. Esto no significa que tienes que redecorarla, pero al poner en práctica algunos principios de Feng Shui en tu casa, puedes empezar a equilibrar tu yo interior con el mundo exterior.

Ya seas Fuego como elemento de nacimiento o estés simplemente atravesando una fase Fuego, los colores brillantes, impactantes (rojos o tonos atrevidos y brillantes) son algo esencial en tu entorno. Sin embargo, es también esencial que incorpores colores de Madera o Tierra para equilibrar niveles de energía excesivos. Los colores naturales hacen que se enraíce tu poderoso dinamismo. Elige uno de los colores Madera para la cocina: verde hierba, verde salvia intenso, mentas frescos, verdes bosque o los tonos rosados del cielo al amanecer. Los colores Tierra incluyen: pistacho, tonos suaves que recuerdan el maíz y los pastos en primavera, ocres suaves y cálidos marrones y los colores de las hojas del otoño. Pueden ser oscuros como el carbón o tostados como el barro. Utilízalos para pintar las paredes o en la decoración y los muebles.

Como símbolo del crecimiento de tu belleza interior, cuelga un cuadro o una fotografía de árboles o de un paisaje maravilloso en tu dormitorio o en tu cuarto de baño. Los remedios con Madera sirven para recordarles a las personas Fuego que los demás pueden no compartir la urgencia característica del Fuego en su forma de vivir. Con la gracia y la sofisticación de la Madera puedes combinar estas cualidades con tus rasgos más dominantes. ¡La Tierra te enraíza, la Madera expande el corazón y la mente!

Es fácil incorporar elementos que aumentan y equilibran los elementos Madera y Tierra; por ejemplo, puedes colocar conchas o una colección de piedras o esponjas en el baño. En la cocina, al poner frascos de cristal envejecido llenos de especias exóticas como palitos de canela y semillas de cilantro, lograrás el mismo nivel de energía. Y si puedes conseguirlo, coloca un trozo de cuarzo ahumado en el pasillo para mejorar tu serenidad y el afecto por los demás.

Invierno

El invierno es la estación para trabajar con tu potencial interior para conseguir armonía interior. Es un momento difícil del año para el Fuego. Aquí estás en el elemento del Agua y puede que sientas que tu espíritu vivaz e impaciente ha desaparecido por un agujero húmedo y sombrío. El Agua es tu opuesto natural, y puede que te hagas insoportablemente dominante y avasallador o que te arriesgues demasiado para evitar lo que percibes como una depresión oscura que te consume. Esta es la fase reflectante de la luna, un periodo en el que ella se esconde por un tiempo, esperando a renacer.

El solsticio de invierno anuncia este momento del año (normalmente es alrededor del 22 de diciembre), y aunque las fiestas y el fuego de la chimenea pueden calentarte y traer un poco de la fatuidad del Fuego a tu vida de nuevo, puede que también necesites trabajar con cristales para equilibrar y revitalizar tu entusiasmo por la vida. Ahora es un momento en el que necesitas hacer uso de todas las energías de los elementos para potenciarte.

El Diagrama 7 representa el círculo de poder del elemento Fuego. Los círculos de poder protegen, inspiran y nutren. Si trazas un círculo de poder en el momento más difícil, energéticamente, del año, podrás reflexionar sobre tus propias cualidades y combinarlas con las de los otros elementos. Así, lo que una vez fue un periodo poco propicio se convierte en un momento más beneficioso para planificar y tomar decisiones.

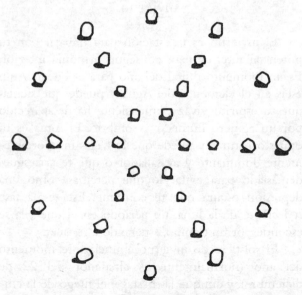

Diagrama 7
Círculo de poder de las piedras del sueño del Fuego

Puedes utilizar cualquier tipo de piedras, cristales o conchas para hacer tu círculo; de hecho, puedes usar cualquier objeto natural siempre y cuando el trazado sea el sugerido. Puedes dejar el centro vacío para meditar en tu elemento dominante o colocar el talismán específico de tu elemento o tu cristal allí como un recordatorio de tu propia valía. El talismán natural para el Fuego es una piña de pino. El cristal del elemento Fuego es la cornalina o sanguinaria.

Si creas el círculo fuera de tu casa, asegúrate de que esté al sol durante parte del día al menos. Demasiada sombra reduciría su energía. Si creas el círculo dentro de tu casa, intenta colocarlo en una habitación que dé al sur (el sur es la orientación propicia para el elemento Fuego, especialmente en el invierno).

Mantén el círculo de poder intacto durante la mayor parte del invierno, o hasta que sientas que la primavera está ya a la vuelta de la esquina. Si estás pendiente de las fases de la Luna, mejor. En la luna llena, coloca una vela roja encendida al lado de tu círculo de poder y haz la siguiente afirmación: «Soy una persona apasionada y con una gran percepción; soy vibrante como el sol de verano y cálido como la luz dorada del sol de la tarde. Mi Fuego arde, pero mi alma se mantiene en paz».

Cuando la luz del día aumente, o cuando el equinoccio de primavera esté cerca, puedes retirar con tranquilidad las piedras o cristales de poder. Pero guárdalas en un lugar seguro (en una caja o envueltas en seda) hasta el siguiente invierno. Ahora te servirán para nutrirte interiormente y debes respetarlas por ello.

Primavera

Para el Fuego las primeras briznas de hierba y el olor del sol calentando la luz de la mañana significan que el verano se acerca y que la energía se renueva. Después de un letárgico invierno y de dar fuerza a tus reservas de energía interior, es el momento de salir y refrescarte para prepararte para el alegre verano que se acerca.

Trabajar con tu apariencia física es ahora tu prioridad. Las semillas de tu belleza interior ya se han plantado y ahora es el momento de salir y jugar, de expandir tu audaz optimismo en la ropa, las celebraciones, los colores y la diversión. Utiliza este valioso momento del año, cuando simbólicamente la luna creciente se hace más fuerte y más bella, para que esto se refleje en tu ropa, tus accesorios, tus colores y tu apariencia exterior. Aquí encontrarás algunas ideas para completar la imagen de una persona Fuego.

Para aumentar y enfatizar tu espíritu impulsivo, elige colores que ardan, desde rojos de India hasta carmesíes ahumados, pasando por tonos naranja-sangre. Antes de salir a una fiesta o a un evento social, sumérgete en un baño de sándalo o con algún aceite de baño exótico para añadir la sensualidad de la Tierra a tu fuerte energía. La seda es algo fundamental, ya seas hombre o mujer, ya que sensibiliza tu cuerpo.

Utiliza tu talismán mágico, la piña del pino, para llevar a cabo el siguiente ritual para conseguir una mayor vitalidad y un sueño reparador. Si sueles dormir mal, te devolverá la salud y te dará dulces sueños. Hazlo durante la luna llena. Coge la piña en ambas manos y cierra los ojos. Elige un lugar tranquilo y siéntate con las piernas cruzadas y, si quieres, coloca un cuarzo ahumado o un cristal de cuarzo rosa delante de ti para una mayor concentración. Presiona los dedos contra la rugosa superficie de la piña durante al menos dos minutos mientras miras al cristal o concéntrate en la sensación de la piña entre las manos. Esta es una forma ancestral y natural de revitalizar tu cuerpo. Finalmente, cuando te vayas a la cama esa noche, coloca la piña en el bordillo de la ventana, para que absorba la energía de los rayos de la Luna.

La Cámara Secreta

Las cualidades que tú puedes ofrecer en la vida y las que necesitas aprender y desarrollar son las claves para el éxito de la vida. Muchas veces caminamos a ciegas, sin darnos cuenta de que percibimos el mundo solo a través de nuestros propios ojos. Los ojos de cada uno se concentran en cosas diferentes. Cada uno nos centramos en un aspecto de la vida distinto, por lo que es importante saber cómo utilizar la energía del Fuego de una manera positiva; para ver las virtudes de la fase del elemento en la que estamos, pero también para ser conscientes y reconocer sus defectos.

Defectos

Si eres una persona Fuego, quizá creas que tienes el derecho divino de decir y hacer exactamente lo que tú quieres, sin pensar en las consecuencias de tus acciones. Puedes ser demasiado autoritario y utilizar la ira como un arma. La envidia y el resentimiento pueden crecer tanto en ti que te niegas la oportunidad de saber lo que es el cariño de verdad. Tu espíritu independiente puede aguantar cualquier ataque a tu diplomacia o a tu tolerancia; puede que te sientas empujado a llevar a cabo actos aún más audaces e incluso infantiles. Si eres avasallador, la gente puede responder negativamente o rechazarte de plano.

Virtudes

Sin embargo, tu extraordinaria e inspiradora percepción de las cosas puede ser valiosa si aprendes a compartir y a cooperar. Al enseñarles a los demás cómo llegar a ser independientes y cómo estar seguros de sí mismos, ofreciéndoles la oportunidad de expresar sus propias cualidades ocultas, empezarás a reconocer tu propio talento para la pasión y la inspiración. Una vez que te hagas consciente de tu centro dinámico, puedes empezar a disfrutar de la conexión con los demás, mientras sigues manteniendo y disfrutando de tu espíritu libre y aventurero, y haciendo más espacio para que tu niño interior pueda jugar. Para ayudarte a dominar tu espíritu inquieto e impulsivo, y para canalizar esa energía «escuchando» de manera inspiradora en vez de «hablando», haz que tu cama, tu escritorio, tu sofá o silla favoritos o tu vista favorita estén orientados de cara al sur, el punto cardinal más propicio para el Fuego.

Capítulo cuatro
El Palacio de la Tierra

Cristal: cuarzo ahumado o piedra de la luna
Talismán natural: clavo (de olor)

PRIMERO, comprueba si este es el elemento predominante para ti actualmente o si es tu elemento clave. Si este no es tu elemento natural de nacimiento, habrás visto que tu energía cambia a lo largo del año. Cuando así sea, simplemente vete al palacio del elemento que te corresponda.

El Huerto tiene que ver con la belleza interior y exterior, con el cuerpo, la forma física, el entorno y sirve para potenciar tu éxito y tu valía personal. Contiene consejos de Feng Shui para mejorar tu casa, incluyendo rituales, ciclos de la Luna y de los chakras, símbolos y afirmaciones mágicas y formas de aumentar tu poder, así como los momentos propicios del año para tomar decisiones o para planificar.

La Cámara Secreta es el lugar en el que puedes descubrir qué es lo que puedes ofrecer a los demás y qué necesitas aprender y desarrollar mientras atraviesas esta fase.

Al entrar en el Palacio de la Tierra estás comenzando un viaje en el que los sentidos se despiertan, en el que lo que ves, hueles y oyes en la estación de la Tierra, te llenará de un sentimiento cálido y de paz que nutrirá y armonizará tu cuerpo, mente y espíritu. Si estás en una fase del elemento Tierra o este es tu elemento de nacimiento, entonces necesitas crear y mantener una armonía con una buena base, ya sea en la fase oscura o de luz de la Tierra

El Huerto

Tu apariencia física y tu bienestar son, sencillamente, la manifestación externa de cómo te sientes por dentro, emocional, mental y espiritualmente. Trabajar con estos tres aspectos a la vez no es fácil y puede que te encuentres con que es mejor concentrarse en solo un tipo de energía a la vez. Si la Tierra en tu elemento dominante o de nacimiento, necesitas observar lo que simboliza y representa la Tierra para ti en la vida, complementando y equilibrando este con los demás elementos.

La Tierra se puede beneficiar de la incorporación de los otros cuatro elementos del entorno, pero especialmente del Metal y del Fuego.

Forma física

La Tierra sugiere solidez y fuerza, y para la mayoría de las personas Tierra el compromiso continuo con una causa es la mejor manera de armonizar la increíblemente poderosa energía latente de la Tierra.

Las personas Tierra tienen mucha fuerza física. Cualquier actividad que implique tener una meta será divertida y beneficiosa para una persona Tierra. La jardinería es una mezcla de creatividad y constancia, y se relaciona tanto con los placeres sensuales de los que te gusta disfrutar como con la tenacidad y la perseverancia de ese aguante que tienen las personas Tierra. Así pues, puede que te gusten los deportes al aire libre como el excursionismo, o montar o correr largas distancias. La espeleología o escalar rocas pueden también gustarte si sabes apreciar los paisajes increíbles, así como, de hecho, cualquier actividad en la que puedas competir contra ti mismo más que contra los demás.

Para mantenerte en forma de una manera más fácil, prueba con el baile y el yoga o el tai chi. Son excelentes para equilibrar la energía de la Tierra. También puede gustarte utilizar tu sentido natural del ritmo para componer música. Aunque no es específicamente una forma de ejercicio, tocar un instrumento musical implica utilizar las habilidades naturales de una persona Tierra y equilibra tu interior. Si te gusta nadar, el Agua puede ser beneficiosa en pequeñas dosis para estimular una mayor comunicación y aceptación del cambio.

Cómo dar vitalidad a tu yo interior durante las cinco estaciones del año

Para complementar y equilibrar los altos niveles de energía del elemento Tierra, puedes incorporar remedios de Fuego y Metal para embellecer y fortalecer tu cuerpo por dentro y por fuera.

Los chinos tienen cinco estaciones en el año, y no cuatro como nosotros. Son: primavera, verano, la estación de la Tierra, otoño e invierno. El Diagrama 8 te muestra cómo se relacionan con los cinco elementos y con la Tierra en particular.

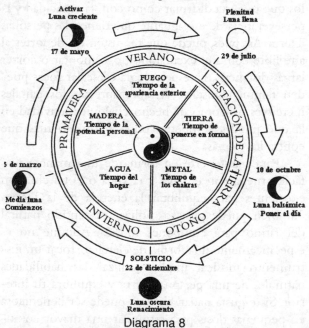

Diagrama 8
Las cinco estaciones del año para el elemento Tierra

Como verás, la estación de la Tierra es la estación más propicia del año para la persona Tierra. Es un momento en el que están en armonía de forma natural con su entorno, y simbólicamente la Luna acaba de atravesar su punto más elevado en el cielo; ha crecido y ha aprendido de la experiencia y, al igual que las personas Tierra, puede empezar a expresar y compartir su visión con un sentido y un significado plenos.

En el año chino de cinco estaciones, el verano se divide en verano y la estación de la Tierra, y se extiende hasta nuestra primavera y otoño. Ya que el cambio de una estación a otra varía de año en año, utiliza las fechas del diagrama solo de forma aproximada. Por ejemplo, si no sientes que la primavera ha llegado de verdad el 5 de marzo, no empieces de repente a hacer el trabajo de primavera hasta que «sientas» que es el momento correcto. Puede variar en unos cuantos días, incluso una semana, a ambos lados de las fechas que se indican.

Cada estación marca un momento específico para cuidar de tu cuerpo, tu entorno o tu bienestar interior. Utiliza el siguiente calendario para ayudarte. Al incorporar más específicamente elementos de Feng Shui de Fuego y Metal, y al utilizar con mayor cuidado los aspectos de Agua y Madera, puedes equilibrar tu elemento Tierra en cada estación propicia.

Estación de la Tierra   Trabaja la belleza exterior, tu forma física y la comida.

Otoño   Tiempo de trabajar con los chakras para la armonía interior.

Invierno	Concéntrate en el ambiente de tu hogar.
Primavera	El mejor momento para trabajar tu poder personal.
Verano	Trabaja tu apariencia exterior y el deleite interior

Estación de la Tierra

En este momento del año, el día más largo ya ha pasado y el otoño y el olor de las cosechas empiezan a llegarnos. Si vives en la ciudad, puede que no notes el sutil cambio del verano a la estación de la Tierra, pero como elemento Tierra es vital que abras tu percepción para descubrir la magia de este momento. Si puedes, vete al campo, a un prado o a las montañas y siéntate un rato disfrutando de la soledad. Aunque las personas Tierra están normalmente muy bien centradas, a menudo necesitan permitir que la misma Tierra les nutra directamente. Si no puedes salir a un espacio abierto, entonces un parque, un jardín o una pequeña parcela con hierba podrán servir. Pero *huele* la hierba, *toca* las briznas y *siente* el movimiento de la vida en tus dedos. Si puedes salir al campo, haz esto mismo y toca las plantas o árboles que te atraigan especialmente

Para que tu belleza exterior esté en armonía con la estación de tu elemento, utiliza hierbas del elemento Fuego en la cocina y en el baño. Hazte con unas caléndulas o busca un herbolario o tienda de productos orgánicos que tenga pétalos secos de caléndula. Distribúyelos en las cuatro esquinas de tu casa. Empieza por la esquina norte, sigue hacia el este, luego al sur y, por último, el oeste. Las caléndulas son conocidas por sus cualidades sanadoras y, al hacer este ritual, puedes liberar a tu energía Tierra de su, a menudo, naturaleza estática, dejando que entre en tu vida más fantasía, provocación y atrevimiento. Las caléndulas son también regeneradoras. El cambio de patrones de vida gastados y viejos, y apostar por la renovación y un espíritu libre, no es algo para tomarse a la ligera. Las personas Tierra son buenas para sanar a otros, pero a menudo no se cuidan mucho por miedo al cambio. Por ello, los remedios de Fuego y Metal pueden hacer mucho por la inagotable energía escondida dentro de la maravillosa persona Tierra.

Las aceitunas son conocidas por sus muchas propiedades medicinales y sanadoras. Pero para las personas Tierra son sin duda un maravilloso alimento natural que potencia la integridad y la confianza personal de la que a veces carecen. Las aceitunas verdes y negras son igualmente beneficiosas. Coloca un recipiente de cristal con huesos de aceituna, lavados y secados al sol durantes unas horas, cerca de tu cama para acentuar los pensamientos positivos y los sueños inspiradores. La persona Tierra puede ser a menudo pesimista sobre el futuro y aun así negarse a considerar el cambio como una forma de llegar al éxito en la vida. Incluso así, lo que la Tierra teme más es la inseguridad. Al permitir que salgan a la luz tus cualidades más flexibles, puedes llegar a descubrir que tus miedos se convierten en tu objetivo. Para mantener tu sensualidad y tus cualidades seductoras, utiliza aceite o esencia de sándalo en el baño y, para destacar tu belleza exterior, haz el siguiente ritual. Antes del baño, enciende una vela blanca como símbolo de distinción y dignidad. Mientras te recuestas en el agua del baño, hecha unos pellizcos de nuez moscada sobre la llama. Disfruta de los vapores que acentúan tu belleza externa con una nueva sensación interna de entusiasmo y valentía.

Para equilibrar y dar energía a tu metabolismo y a tu sistema digestivo, de nuevo utiliza aceitunas en tus platos favoritos o mete unos pimientos rojos en una botella de aceite de oliva para darle más sabor y como un suave tónico para los órganos internos.

Ritual de la estación de la Tierra

Diseñado para acentuar tu encanto, sensualidad y creatividad para el resto del año, es mejor realizar este ritual cerca del equinoccio (alrededor del 22 de septiembre).

La Tierra necesita Fuego para enriquecer el suelo y para dar vida y producir más tierra fértil. De forma similar, cuando tu elemento dominante es la Tierra, también necesitas el optimismo enérgico y la actitud libre del Fuego para encender tus deseos más profundos y mejorar tu aspecto exterior. Las personas en fase Tierra son a veces demasiado cautelosas en cuanto a disfrutar de nuevas experiencias y simplemente dejar que la vida ocurra. Este ritual estimulará todos tus sentidos para que tu mundo exterior se haga más dinámico e inspirador que nunca. También enriquecerá tu impulso creativo y te hará confiar en tu habilidad para atraer y disfrutar de una vida llena de entusiasmo.

Si puedes hacer este ritual al aire libre, mucho mejor. Elige una noche en la que la Luna esté casi llena y que haga una suave brisa. Primero, busca un recipiente de estaño, o una copa o un recipiente de metal (una lata servirá como último recurso), y una moneda de oro, un anillo u otra joya. Estos objetos representan la magia del Metal. Colócalos en el centro de un área circular especial que hayas marcado con guijarros o pequeñas piedrecitas. Este será tu tótem de la Tierra. Ahora busca las siguientes plantas (utiliza los pétalos o las hojas): mejorana, pétalos de rosa, hojas de magnolia, hojas o flores de manzano y lavanda. No te preocupes si no puedes encontrar alguna de ellas, reúne las que puedas. No las dejes secar, solo espárcelas dentro de la copa de metal.

Después, busca dos velas con fragancia (de almizcle —musk— o de sándalo) y enciéndelas. Si lo prefieres, utiliza dos velas blancas y echa un poco de aceite de clavo en la mecha para conectar tu talismán natural con la cera ardiente. Esta es tu propia energía Tierra que debe ser ofrecida a la energía del Metal y del Fuego para equilibrar tu belleza interior. Mientras miras cómo la llama se mueve con la brisa, haz la siguiente afirmación para ti mismo: «Soy de la Tierra, del corazón de la naturaleza, y por deseo de la naturaleza soy su hijo/a. Estas piedras son tesoros

que extiendo delante de mí; son gemas que simbolizan mi calor interior y ofrecen serenidad sobre una
capa de pasión; mi corazón encendido está preparado ahora para recibir más».

Otoño

Cuado la luz empieza a desaparecer antes y
vemos en el atardecer los colores rosas, no rojos ni
naranjas, entonces es el momento para que la Tierra
se concentre en la energía de los chakras.

Este es el momento del año cuando simbólicamente la Luna está decreciendo. Se llama a veces luna
balsámica, un momento para reevaluar las cosas que
se han hecho en el pasado y hacer transformaciones.
Esta es la estación del Metal, y es el momento más
propicio y sensible para la Tierra, cuando las ambiciones y los avances por el camino elegido pueden
desarrollarse de forma beneficiosa.

Chakra es una palabra sánscrita que significa
«rueda». Estas ruedas son centros de energía localizados en siete puntos que se extienden desde la base de
la columna vertebral hasta la parte superior de la
cabeza. Estas espirales de energía invisible vibran y se
relacionan con muchas otras energías, y se corresponden con todos los aspectos de nuestra vida. Al
trabajar con cada chakra puedes despertarte a una
energía más positiva. Para la belleza y la armonía,
necesitas trabajar sobre la sensualidad y el carisma.
Cuando estás en una fase Tierra, o cuando sientes
una profunda conexión con la Tierra o es tu ele-

mento de nacimiento, necesitas trabajar en especial
con los chakras que corresponden al Metal y al
Fuego (ver Diagrama 6).

Esta es una descripción simplificada de las asociaciones de la energía de cada chakra.

Elemento Tierra   (Chakra Raíz): Energía sólidamen-
                   te enraizada, centrada, expectante,
                   de aceptación.

Elemento Agua   (Chakra del Sacro): Receptiva,
                   creativa, sensible, sexual.

Elemento Fuego   (Chakra del Plexo Solar):Vitalidad,
                   vision de futuro, entusiasmo, opti-
                   mismo.

Elemento Madera (Chakra del corazón): Amor
                   desinteresado, compasión, idea-
                   les, altruismo.

Elemento Metal   (Chakra de la Garganta): Poder,
                   verdad, confianza, responsabilidad.

Los otros dos chakras son el chakra del Entrecejo (energía psíquica, intuitiva, percepción, espíritu) y
el chakra de la Corona (conciencia cósmica, alma, el
umbral). Sin embargo, no están asociados con los
elementos chinos.

Trabajaremos con los chakras de los cinco elementos. Estos cinco se corresponden con nuestro
conocimiento consciente, una conciencia que debe-

114 LAS CINCO LLAVES DEL FENG SHUI

mos asimilar antes de movernos hacia arriba a los chakras superiores del Entrecejo y la Corona. Estos dos
nos acercan a la conciencia del inconsciente y más allá.

Los dos chakras más importantes para revitalizar
la Tierra en el otoño son el chakra del Plexo Solar y
el chakra de la Garganta.

*Otros cinco chakras han sido «descubiertos» más recien-
temente, pero para los propósitos de nuestro viaje por los elementos, no necesitamos profundizar más en este respetado
sistema de autoconocimiento, crecimiento y sanación.*

Chakra del Plexo Solar

Para garantizar la armonía interior del chakra del
Plexo Solar, coloca un cuarzo amarillo o topacio en
el bordillo de una ventana de tu casa que dé al suroeste o al noreste. Déjalo ahí hasta el final del otoño.
Si no puedes conseguir ni un pequeño trozo de esos
cristales, haz el siguiente ritual para restaurar la vitalidad interior y revitalizar el chakra del Plexo Solar.

Hazte con flores de geranio o de diente de león
con olor, pero asegúrate de que el diente de león está
todavía en flor antes de que aparezcan las semillas.
Déjalas en el bordillo de la ventana durante siete
noches para que se puedan secar con la energía de la
luz de la Luna. Luego, pon los pétalos o los capullos
en una pequeña bolsa hecha de seda o de algodón y
llévala contigo para que te dé más entusiasmo y alegría por el futuro. También te ayudará a que el sistema digestivo asimile mejor.

Chakra de la Garganta

Al desbloquear el chakra de la Garganta asegura-
mos una comunicación libre basada en la verdad y la
responsabilidad. Cuando estamos en una fase en la
que domina el elemento Tierra, nos es difícil aceptar
la verdad de los demás y solo confiamos en nosotros
mismos. Podemos ser capaces quedarnos delante de
una puerta cerrada por evitar responsabilizarnos de
cualquier cosa que requiera más esfuerzo en nuestra
vida. Somos rígidos y dogmáticos y asumimos que
nosotros sabemos mejor lo que está bien. Esto puede
provocar tensión en la piel y los labios, otras sensacio-
nes de tensión y problemas glandulares.

Para dejar que salgan esas cualidades escondidas
de comunicación y la aceptación de los valores de los
demás, coloca un trozo de cuarzo blanco o amatista
en tu habitación favorita. Cada vez que pases por el
cristal, tócalo como recordatorio de que eres capaz
de comunicar con entusiasmo y lógica, y a la vez con
convicción. Abrir la garganta es, literalmente, permitir que las palabras fluyan. Pero recuerda también
que una buena comunicación incluye escuchar, no
solo hablar. Abre tus oídos a los demás y a su verdad,
porque una sola verdad tiene diferentes manifesta-
ciones.

Al abrir tu vida a la comunicación, tu belleza
interior puede empezar a funcionar en armonía con
tu belleza exterior. Utiliza pachulí en el baño cuando no te sientas decidido a ir más allá de donde te
sientes cómodo, ya que te ayudará a estimular tu
expresión personal.

Invierno

Para la Tierra, el invierno es el momento de acentuar tu belleza, reflejándola en tu hogar y en lo que te rodea. Esto no significa que tengas que redecorar toda la casa, pero al aplicar algunos importantes principios de Feng Shui en tu casa, puedes empezar a equilibrar el yo interior con el mundo exterior.

El invierno es el momento en el que tu identificación con la estación está en su momento más bajo. El elemento Agua domina la oscuridad del invierno y puedes sentir que las personas Agua están intentando influir en tus rígidos hábitos y llenarte de fluidez y sueños. Aun así, en pequeñas cantidades, las personas Agua pueden inspirarte para que te comuniques y te expreses con más libertad. Utiliza este momento del año para consolidar tu conciencia de flexibilidad y la habilidad para cambiar.

Puede que te sientas deprimido y un poco bajo, así que utiliza el tiempo antes de la primavera para reorganizar tu casa y armonizar tu entorno. Al incorporar las mejoras de Fuego y Metal puedes infundir un nuevo brío y confianza a tu vida diaria.

Evita demasiada Agua o Madera. En otras palabras, no tengas demasiadas plantas en casa. Ya que lo que necesitas es expresar, más que absorber, tu conexión con el mundo natural; la armonía de la Madera se canaliza mejor trabajando con plantas o animales, cuidando del jardín, plantando verduras, ayudando a recuperar bosques o setos o, simplemente, saliendo al campo si es que vives en la ciudad.

Incorpora velas blancas y espejos de bordes dorados en tu entorno; también luces de Metal, camas *art déco*, con dosel o de metal. Los candelabros o arañas de luz dorados o de color bronce son excelentes para mejorar tu sensación de valía interior. E intenta adquirir antigüedades u objetos de mercadillo que despierten tu interés por la historia y tu inclinación natural por las obras de arte. Para representar tu belleza interior, pon en tu dormitorio un cuadro, foto o cartel de animales fantásticos, seres mitológicos o escenas de amor apasionadas y eróticas.

El Metal y el Fuego son recordatorios esenciales de que puedes ser una persona tan erótica y dinámica como cualquiera, y ¡adelante! El Fuego está ahí para darte vitalidad, el Metal para darte integridad y confianza en tu corazón y tu alma. Pon otros elementos armonizadores y embellecedores de Metal y de Fuego en tu casa; por ejemplo, los colores que se asocian con ellos. Rojos de India, blancos brillantes, carmesí, mandarina y amarillo pálido, además de muebles con pan de oro o pintados de color oro. Decora tu baño con estrellas doradas y tapices lujosos o damascos desdibujados por el tiempo y antiguos. Para realzar el Fuego instantáneamente, cuelga una ristra de pimientos rojos en la parte de atrás de la puerta de la cocina. ¡La provocación puede ser divertida!

Primavera

Este es el momento de año, simbólicamente, cuando la Luna sale de su halo de misterio en las profundidades del silencio, asoma de nuevo, emerge y surge mientras que su luz se acrecienta y se prepara hacia el futuro. Para la Tierra es el momento de trabajar en tu poder personal para conseguir paz interior y serenidad. La Madera rige la primavera y no es tu elemento más compatible. La Madera puede anular la convicción de la Tierra en su propia independencia, ya que la Madera prefiere que todos seamos iguales y confiemos unos en otros.

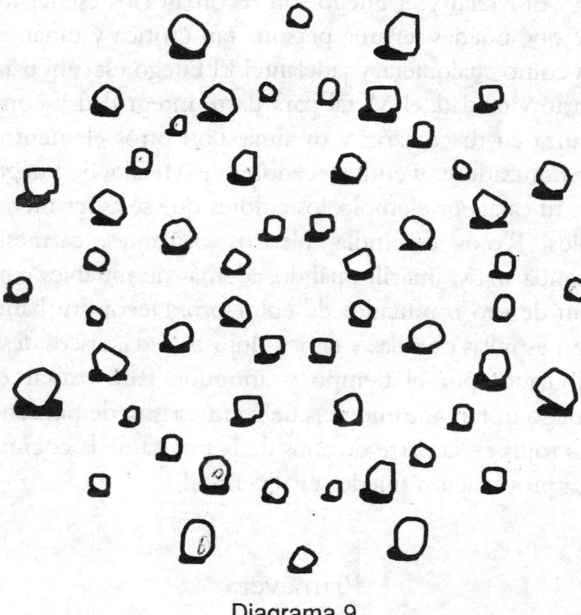

Diagrama 9
Círculo de poder de piedras circulares
del elemento Tierra

Utiliza un círculo de poder del elemento Tierra para fortalecerte (ver Diagrama 9). Sin embargo, necesitas recurrir a *todas* las energías de los elementos de la siguiente manera. Los círculos de poder protegen, inspiran y nutren. Al trazar un círculo de poder durante el periodo más difícil del año en cuanto a tu energía, puedes verte en tus propias cualidades y combinarlas con las de los otros elementos. Así, lo que una vez fue un periodo poco propicio se convierte en un momento del año más beneficioso para hacer planes y tomar decisiones.

Puedes utilizar cualquier tipo de piedras, guijarros, cristales o conchas para hacer tu círculo; de hecho, puedes usar cualquier objeto natural siempre y cuando el trazado sea el sugerido. Puedes dejar el centro vacío para meditar en tu elemento dominante o colocar el talismán específico de tu elemento o tu cristal allí como un recordatorio de tu propia valía. El talismán natural de la Tierra es un clavo de olor. El cristal del elemento Tierra es el cuarzo ahumado o la piedra de la luna.

· Si creas el círculo fuera de tu casa, asegúrate de que esté al Sol durante parte del día al menos. Demasiada sombra reduciría su energía. Si creas el círculo dentro de tu casa, intenta colocarlo en una habitación que dé al suroeste o al noreste. Estos son los puntos cardinales más propicios para la Tierra.

Mantén el círculo de poder intacto durante la mayor parte de la primavera, o hasta que sientas que el verano está ya a la vuelta de la esquina. Sé flexible (algo que no es fácil para la Tierra) con el cambio de estación; puede no corresponderse con el día que yo he sugerido. Trabaja con tu sentido innato del cambio, esa cualidad interior de la que te estás haciendo más y más consciente. Si estás al tanto de las fases de la Luna, mejor. En la luna llena, o en una noche en la que el cielo esté claro, coloca una vela blanca encendida dentro de tu círculo de poder y haz la siguiente afirmación: «Mi paciencia y mi cariño tienen una base tan sólida como el camino que se abre ante mí; el espíritu de la Tierra que está en mí, me nutre y me hace ser consciente de los cambios gradualmente. La claridad y la alegría ahora me pertenecen».

Cuando la primavera empieza a transformarse en verano y cuando sientas que puedes oler realmente el aire nuevo y veas que la luz es diferente, puedes retirar con tranquilidad las piedras o cristales de poder. Pero guárdalas en un lugar seguro (en una caja o envueltas en seda) hasta el siguiente invierno. Ahora serán tu guía interior y debes respetarlas como tales.

Verano

Este es el momento para activar tu energía interior recién descubierta. Con alegría, puedes trabajar en tu apariencia externa, haciendo que esta sea tu prioridad durante esta estación dinámica y viva. Ahora la Luna está casi llena y, simbólicamente, estás preparado para analizar y definir quién eres y cuál es tu propósito, antes de salir totalmente a la luz durante la estación que te es propia. Tu belleza interior se ha establecido y ahora es el momento de atesorar tu sensualidad y tus emociones interiores y disfrutar de un sinfín de colores, ropas y de tu estilo personal. A continuación encontrarás algunas ideas para completar y revitalizar la imagen de una persona Tierra.

La seriedad que a veces te caracteriza es más evidente para los demás que tu naturaleza más seductora y sensual. Para destacar y dar vitalidad a esta cualidad escondida, vístete con colores de tierra para sacar provecho a tu atractivo. Incorpora colores como terracota, amarillo ocre, color miel y siena tostada, tanto en tu ropa como en los accesorios. Las ricas chenillas son demasiado calurosas para el verano, así que recurre a perfumes embriagadores o fragancias que tengan cualidades exóticas similares. Usa aceite de pachulí y almizcle (musk) blanco en el baño o como aceite de cuerpo para dar vitalidad a tu piel. Las joyas de plata darán vitalidad a tu aire introspectivo y te darán un aire más decidido.

Consigue tu talismán mágico (un tarro de clavos de olor es todo lo que necesitas) y haz el siguiente ritual para darte vitalidad y un sueño reparador. Este ritual beneficioso es especialmente útil si tienes problemas para dormir, sueños difíciles o si te cuesta levantarte. Machaca uno o dos clavos en un mortero (como alternativa utiliza el final de una cuchara) hasta que estén bien aplastados. Ahora agarra un pincel pequeño. Mezcla los clavos machacados con un poco de agua hasta que se forme una pasta espesa. Después, busca un espejo pequeño, preferiblemente uno de ocho lados (si no, un espejo de bolsillo que puedas llevar contigo servirá). Este pequeño ritual te garantizará que la energía del Fuego, en contacto con tu propio talismán, te nutre y te calienta. El espejo simboliza el Fuego, los clavos la Tierra.

Elige un momento del día en el que te sientas centrado. Con un dedo o con el pincel, con mucho cuidado copia y pinta tu talismán de Tierra en la superficie del espejo. Mantenlo frente a tu cara durante algunos minutos mientras se seca, luego envuélvelo con cuidado en papel y tenlo contigo durante el resto del día. Por la noche, colócalo debajo de tu almohada o bajo el colchón como tratamiento de belleza nocturno. También te dará paz interior y devolverá la vitalidad a tu aspecto exterior. Ahora que has hecho todo el trabajo de esta estación puedes relajarte, y calmar y regenerar tu energía, ahora bien enraizada, masajeando tus pies con aceite de lavanda.

La Cámara Secreta

Las cualidades que puedes ofrecer en la vida y las que necesitas aprender y desarrollar son las claves para el éxito de la vida. Las personas Tierra muchas veces caminan a ciegas, sin darse cuenta de lo que perciben solo lo ven así sus propios ojos. Por eso juzgan, critican y comentan, a menudo sin darse cuenta de que lo están haciendo. Cada uno nos centramos en un aspecto de la vida distinto, por lo que es importante saber cómo utilizar la energía de la Tierra de una manera positiva; para ver las virtudes de nuestro elemento, pero también para ser conscientes y reconocer sus defectos.

Defectos

Si eres una persona Tierra, quizá te apegues con rigidez a opiniones que no tienen justificación. Tu testarudez natural puede hacer que los demás perciban que eres una persona difícil porque sí, y otros pueden verte como una persona demasiado indulgente, celosa y demasiado posesiva. Puede que te obsesiones con la seguridad y protección de tu santuario interior y solo dejes que se acerquen aquellas personas que no amenazan tu rutina diaria. A veces quizá te niegas a cambiar de opinión sobre un tema porque temes que el cambio te lleve a aguas más profundas donde te sentirías vulnerable y fácilmente manipulable por aquellos que tienen más poder. Necesitas aprender a arriesgarte a veces, a ser más espontáneo y disfrutar de tu habilidad para seducir, pero con entusiasmo más que con una actitud seductoramente cauta.

Virtudes

Al mostrarles a los demás que sus valores y sus necesidades tienen tanta importancia como los de cualquier otro, puedes empezar a establecer mejores relaciones. Al abrirte a la alegría y al experimentar solo lo que existe aquí y ahora, tienes mucho que ofrecer a las personas que buscan independencia y seguridad. El tuyo es un elemento que confía en la naturaleza y en la suave transición de las estaciones, no en los cambios impuestos, ya sean sociales o individuales. Al hacerte más receptivo a esos ritmos externos de la vida, puedes también honrar y encontrar paz al expresarte y en la comunicación que buscas. Para ayudarte a dar vitalidad a tu calidez interior, coloca tu cama, tu mesa de despacho, tu sofá o tu silla favorita mirando al suroeste o al noreste, los dos puntos cardinales propicios para las personas del elemento Tierra.

Capítulo cinco
El Palacio del Metal

Cristal: cuarzo blanco o diamante
Talismán natural: aceituna

PRIMERO, comprueba si este es el elemento predominante para ti actualmente o si es tu elemento clave. Si este no es tu elemento natural de nacimiento, habrás visto que tu energía cambia a lo largo del año. Cuando así sea, simplemente vete al palacio del elemento que te corresponda.

El Huerto tiene que ver con la belleza interior y exterior, con el cuerpo, la forma física, el entorno y sirve para potenciar tu éxito y tu valía personal. Contiene consejos de Feng Shui para mejorar tu casa, incluyendo rituales, ciclos de la Luna y de los chakras, símbolos y afirmaciones mágicas y formas de aumentar tu poder, así como los momentos propicios del año para tomar decisiones o para planificar.

La Cámara Secreta es el lugar en el que puedes descubrir qué es lo que puedes ofrecer a los demás y qué necesitas aprender y desarrollar mientras atraviesas esta fase.

Cuando giras la llave y abres la puerta de entrada al Palacio de Metal, estás comenzando un viaje en el que encontrarás hierbas de la temporada, poderosas especias, fragancias, aceites sensuales y cristales que nutrirán tu cuerpo, tu espíritu y tu mente. Cuando estás en una fase del elemento Metal, necesitas descubrir cómo crear armonía y mantener tu vitalidad y bienestar durante todo el año, ya estés en la fase oscura o de luz del elemento metal.

El Huerto

Tu apariencia física y tu bienestar son, sencillamente, la manifestación externa de cómo te sientes por dentro, emocional, mental y espiritualmente. Trabajar con estos tres aspectos a la vez no es fácil y puede que te encuentres con que es mejor concentrarse en un solo tipo de energía a la vez. Si el Metal es tu elemento dominante o de nacimiento, necesitas analizar qué simboliza y qué representa para ti en tu vida, completando y equilibrando este con los otros elementos. El Metal se puede beneficiar al incorporar los otros cuatro elementos en el ambiente, pero especialmente de la Tierra y el Agua.

Forma física

El Metal es un conductor del calor y de la energía. En el mundo natural, el Metal está en estado sólido y rígido aunque puede ser flexible. Por su propia naturaleza, el Metal necesita relajarse siempre que sea posible. Acumula tanta energía que a menudo la única forma de encontrar armonía es por medio de arrebatos de ejercicio extremo.

Las personas Metal necesitan quemar este exceso de energía. Para desarrollar la sensación de bienestar interior puedes practicar deportes elaborados como el tai chi, yoga o kitaiso. Las personas Metal prefieren competir con ellos mismos más que enfrentarse a otros en una carrera o en una pista de tenis. Puede divertirte mucho batirte contra los elementos de la naturaleza, como en los deportes de vela (esto tam-

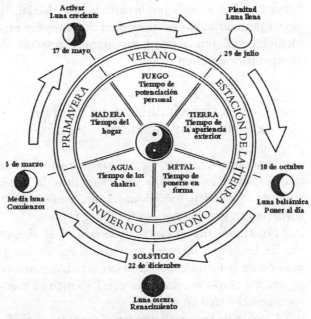

Diagrama 10
Las cinco estaciones del año para el elemento Metal

bién te acercará al Agua que es muy beneficiosa para la energía Metal) o la natación a larga distancia. Tu resistencia y tu voluntad son tan fuertes que necesitas a veces retos contundentes, especialmente en lo que se refiere a la forma física del cuerpo. Puede que notes que las pesas y el ejercicio aeróbico semanal mejoran tu cuerpo y tu mente.

El Metal no es muy aficionado a los deportes de equipo o sociales, pero si eres capaz de hacer una larga excursión o un paseo y disfrutar de la soledad, o utilizar tu fuerza y habilidad para rediseñar tu jardín, tus niveles de energía se revitalizarán. Salir y hacer cosas es lo más importante para el Metal. Tu poder de renovación es superior al de cualquier otro elemento, así pues utiliza tus grandes reservas de energía para un buen fin.

Cómo dar vitalidad a tu interior en las cinco estaciones del año

Para complementar y equilibrar altos niveles de energía Metal, los remedios con elementos de Tierra y de Agua pueden incorporarse para embellecer y fortalecer tu cuerpo por dentro y por fuera.

Los chinos tienen cinco estaciones en el año, en vez de las cuatro nuestras. Son: primavera, verano, la estación de la Tierra, otoño e invierno. El Diagrama 10 te muestra cómo se relacionan con los cinco elementos y con el Metal en particular.

Como puedes ver, el otoño es el momento del año más propicio para el Metal. Es un momento de reevaluación y de transformación, un momento en el que el Metal se hace consciente de que la plenitud del año debe transformarse y decaer. Los frutos secos deben almacenarse para el invierno. Este es un momento para poner al día y para preparar. Simbólicamente la luna está en su cuarto final, está decreciendo y reuniendo todos sus conocimientos del ciclo para regenerar un nuevo ciclo de estaciones. En el año chino de cinco estaciones, el verano se divide en verano y estación de la Tierra, y entra en lo que para nosotros es la primavera y el otoño. Ya que el cambio de una estación a otra varía cada año, utiliza los datos del diagrama solo como una guía aproximada. Por ejemplo, si no sientes que el otoño ha empezado realmente alrededor del 10 de octubre, espera hasta que sientas que la estación ha cambiado y que el momento es el adecuado para hacer el trabajo del otoño. Puede variar en unos días, o incluso en una semana, a ambos lados de las fechas del diagrama.

Cada estación marca un momento específico para cuidar de tu cuerpo, tu entorno o tu bienestar interior. Utiliza el siguiente calendario para ayudarte. Al incorporar más específicamente elementos de Agua y de Tierra, y al utilizar con mayor cuidado los aspectos de Madera y Fuego, puedes equilibrar tu elemento Metal en cada estación propicia.

Otoño	Trabaja la belleza exterior, tu forma física y la comida.
Invierno	Tiempo de trabajar con los chakras para la armonía interior.

Primavera   Concéntrate en el ambiente de
                     tu hogar.

Verano   El mejor momento para traba-
                     jar tu poder personal.

Estación de la Tierra   Trabaja tu apariencia exterior y
                     el deleite interior.

Otoño

Este es el momento más propicio del año para
trabajar con tu belleza exterior, tu forma física y tu
belleza interior. Para garantizar que tu belleza interior esté en armonía con el otoño, hazte con un
poco de mejorana seca o, si tienes la suerte de tenerla en tu jardín, agarra unas hojas y sécalas en el horno
o cuélgalas en una ventana soleada durante tres días.
Si utilizas el horno, deja las hojas en la bandeja
durante cinco minutos con el hormo muy caliente.
El aroma es delicioso.

La mejorana se asocia con el elemento Tierra.
Para las personas Metal, la energía de la Tierra les
ayuda a enraizarse y a que sean más tolerantes con los
demás. En cuanto a la belleza exterior, puede añadir
un brillo y luminosidad especial a tu aspecto. Hazte
con una vasija de barro o de porcelana. Esto también
es símbolo de la energía de la Tierra. Llénala con la
mejorana y después colócala en el bordillo de una
ventana o en un lugar donde le dé la luna durante
tres noches. Después, utiliza la mejorana en tus pla-

tos de cocina para mejorar la salud interior y la alimentación. La mejorana se puede añadir a muchos platos, incluyendo la pasta, los guisos y las ensaladas. Cualquier cosa se puede beneficiar de su delicioso aroma, pero más que nada, tú mismo. Esparce una pizca de mejorana en cada esquina de cada habitación de tu casa. Esto te ayudará a restaurar tu carisma, atrayendo a los que deseas, para el amor o solo como buena compañía.

Disfruta de un baño con seductores pétalos de rosa y aceite de lavanda para estimular tu compasión y amabilidad. Las personas Metal a menudo se retiran y se quedan muy distantes aun cuando, por fuera, puedan parecer personas tan sociables como una persona Agua. Pero por debajo, muchas veces, están temblando por un resentimiento no expresado o por miedo. El aceite de lavanda es especialmente beneficioso para suavizarte y ayudarte a abordar los encuentros sociales de una manera más pasiva y flexible. El aceite de geranio rosa y las velas con olor a almizcle (musk) son elementos que vale la pena incluir en tus baños. Ambos estimulan y mantienen tu sentido de conexión con la imaginación interna, que a menudo se pierde en la necesidad del Metal de afirmar la lógica y la autonomía en su vida. Relajarse no significa dejarse llevar, sino que permite que tu ser más escondido tenga acceso al mundo.

Ritual de Otoño

Este es un valioso ritual para garantizarte éxito, bienestar y una belleza auténtica para el año entrante. El Metal necesita realzar el elemento Agua para ayudarle en la comunicación y en la conexión con los demás, y los elementos armonizadores de la Tierra te permitirán centrarte más y ser más paciente con las personas que no son tan fuertes como tú. Cuando estás en una fase del elemento Metal o te sientes en conexión con tu elemento Metal de nacimiento, necesitas el calor de la Tierra y la suavidad del Agua para garantizar que tu aspecto es no solo distinguido y poderoso, sino que también incluye la compasión y la sensibilidad.

Puedes realizar el siguiente ritual el primer día que tú consideres que ya es otoño, pero es más propicio elegir el último día del otoño. Normalmente, este día es más fácil de encontrar, ya que el final del otoño en nuestro calendario corresponder con el solsticio de invierno o, tal como lo llamamos en Occidente, el día más corto del año (normalmente el 21 ó 22 de diciembre).

Primero, reúne unos cuantos pétalos u hojas de cualquiera o de todas las siguientes plantas que tienen energía Metal: hojas de apio, menta, alcaravea, lirios, violas y rosas blancas. Después, llena un recipiente de cristal con agua y esparce las flores y las hojas escogidas en la superficie. Coloca el recipiente con cuidado en el jardín o en algún sitio donde pueda absorber la luz de la Luna. Al ofrecer el recipiente con las plantas del elemento Metal a la magia del Agua estás ofreciendo, simbólicamente, tu propia belleza del elemento Metal al equilibrio natural del Agua. Deja el recipiente una noche, pero la tarde siguiente, después del ocaso del Sol, coloca dos velas blancas encendidas a ambos lados del recipiente. Serán tus tótems del elemento Metal. Para completar el ritual, primero echa un poquito de canela en polvo sobre las llamas de las velas y después sobre el recipiente con las flores. Mientras tanto, haz la siguiente afirmación: «Yo soy Metal, y entrego mi corazón a la honestidad y a la sabiduría. Así, con una conciencia renovada, disfrutaré de la serenidad y la compasión toda la vida, iluminando y dando vitalidad a mi belleza interior; porque mi cuerpo es mi guardián exterior y como tal lo honraré».

Invierno

Cuando llega el invierno, las personas Metal pueden redescubrir la maravilla de la imaginación y de lo imprevisible en sus vidas. Este es el momento más beneficioso del año para concentrarse en dar vitalidad y desbloquear la energía de los chakras interiores. Chakra es una palabra sánscrita que significa «rueda». Estas ruedas son centros de energía localizados en siete puntos que se extienden desde la base de la columna vertebral hasta la parte superior de la cabeza. Estas espirales de energía invisible vibran y se relacionan con muchas otras energías, y se corresponden con todos los aspectos de nuestra vida. Al trabajar con cada chakra puedes despertarte a una energía más positiva. Para la belleza y la armonía, necesitas trabajar sobre la sensualidad y el carisma. Cuando estás en una fase Metal, o cuando sientes una profunda conexión con el Metal o es tu ele-

mento de nacimiento, necesitas trabajar en especial
con los chakras que corresponden a la Tierra y al
Agua (ver Diagrama 6).

Esta es una descripción simplificada de las asociaciones de la energía de cada chakra.

Elemento Tierra   (Chakra Raíz): Energía sólidamente
                   enraizada, centrada, expectante, de
                   aceptación.

Elemento Agua   (Chakra del Sacro): Receptiva,
                   creativa, sensible, sexual.

Elemento Fuego   (Chakra del Plexo Solar): Vitalidad,
                   visión de futuro, entusiasmo, opti-
                   mismo.

Elemento Madera (Chakra del Corazón): Amor
                   desinteresado, compasión, idea-
                   les, altruismo.

Elemento Metal   (Chakra de la Garganta): Poder,
                   verdad, confianza, responsabilidad.

Los otros dos chakras son el chakra del Entrecejo (energía psíquica, intuitiva, percepción, espíritu) y
el chakra de la Corona (conciencia cósmica, alma, el
umbral). Sin embargo, no están asociados con los
elementos chinos.

Trabajaremos con los chakras de los cinco elementos. Estos cinco se corresponden con nuestro
conocimiento consciente, una conciencia que debe-

mos asimilar antes de movernos hacia arriba a los chakras superiores del Entrecejo y la Corona.

Otros cinco chakras han sido «descubiertos» más reciente-mente, pero para los propósitos de nuestro viaje por los elementos, no necesitamos profundizar más en este respetado sistema de autoconocimiento, crecimiento y sanación.

Estos dos nos acercan a la conciencia del inconsciente y más allá.

Los dos chakras más importantes para el Metal, para que los visualice, son el chakra del Sacro y el chakra Raíz.

El chakra del Sacro

Para dar armonía al chakra del Sacro y, por lo tanto, visualizar tus cualidades internas escondidas de mayor comunicación y sensibilidad, hazte con unas hojas de lavanda o compra unas flores secas de lavanda y colócalas bajo tu almohada. Al irte a dormir, formula un deseo para que tu sinceridad y tu afecto hacia los demás sean tan fuertes como tu honradez. Si después sueñas con algo relacionado con este deseo, será muy beneficioso. La noche siguiente puedes desear también que los sueños relacionados con tus sentimientos y emociones se hagan realidad. Cuando no estamos en conexión con nuestro chakra del Sacro, a menudo tenemos miedo de comprometernos o de abrirnos a los demás en un nivel emocional o de creatividad sexual. Al alinear tu estado exterior con este lugar interior, puedes hacer una invitación para aceptar las emociones de los demás y la expresión de tus propios miedos y sentimientos dentro de tu vida.

Chakra raíz

El chakra Raíz es la fuente de la energía que nos da una base firme. Cuando estás en una fase Metal, puede que seas más decidido y arrogante, y menos cariñoso y sensual. Estas cualidades escondidas y los placeres relacionados con la armonía del chakra Raíz pueden alcanzarse siguiendo el siguiente ritual diario.

Hazte con un pequeño bote o tarro de clavos (también puedes utilizar aceite de clavo en el baño para aumentar la receptividad y la conciencia de la sensualidad). Agarra un puñado de clavos y cierra con fuerza la mano; invoca cuidadosa y claramente la aceptación y la concentración. Después, desperdiga los clavos sobre una mesa. Observa el dibujo que queda cuando caen e intenta imaginar qué significa para ti la imagen que han creado. Ser conscientes de tales símbolos y dibujos en nuestras vidas puede dar vitalidad a nuestra propia receptividad más profunda.

Como persona Metal, estás suficientemente despierto como para reconocer tu sexualidad, pero para garantizar la aceptación mutua, la comunicación y receptividad sexual, coloca un trozo de ámbar o de aguamarina en la habitación más utilizada de la casa. Cada vez que pases, tócala. El ámbar tiene el poder de absorber el egoísmo y de dar mayor compasión y flexibilidad.

Con tus chakras del Sacro y de la Raíz desbloqueados y revitalizados, puedes sentir que tu cuerpo está más despierto hacia la sensualidad y verdaderamente sensible a los demás.

Primavera

Para el Metal, la primavera es el momento de invocar la armonía en nuestro entorno que es un reflejo de nuestra propia belleza interior. Nutrir tu casa revitalizará y dará más armonía a tu bienestar exterior. Esto no significa que tienes que redecorar toda la casa, sino que al aplicar algunos remedios y principios de Feng Shui a tu casa, puedes empezar a equilibrar tu yo interior con el mundo exterior.

Primero, asegúrate de que en tu casa no hay demasiados objetos de color oro o plata. Si te rodeas de demasiadas cosas de tu propio elemento puede que estimules demasiado tus cualidades Metal. Aunque esto puede hacer que te sientas increíblemente poderoso y rico, no te hará más feliz necesariamente. La gula no es lo mismo que el hambre. En el contentamiento y la tranquilidad se trata de saber dónde dejar de pedir más.

Para armonizar y dar energía a tu belleza interior, los remedios con elementos de Tierra y Agua aportarán a tu vida, tan determinada y a veces solitaria, una mayor facilidad para comunicarte y compartir con los demás. Coloca conchas cogidas en

una playa, suaves piedrecitas o guijarros y fragmen-
tos de cristal que hayan sido pulidos por la erosión,
en el baño o en un lugar prominente del dormitorio. Si es posible, busca piedras naturales que tengan agujeros, o sea, agujeros que se hayan hecho por
los cambios naturales de la Tierra, o erosionados por
las aguas subterráneas y la lluvia. Este tipo de piedras tiene grandes poderes y se les da un alto valor
en muchas sociedades primitivas. Unos trozos de
viejos guijarros que cojas en un camino en el
campo o a la orilla del mar servirán. Si no tienes
acceso al mar o al campo, escoge un trozo de ámbar
o turquesa sin pulir y colócalo en una ventana que
de al oeste.

Coloca un recipiente de mármol de color azul y
negro sobre la superficie más alta de tu habitación
favorita. Puede que no veas los colores del Agua y su
energía, pero estará trabajando para ti. Si no, cuelga
un cuadro o una foto de unas cataratas, una marina
o de ríos fluyendo con rapidez en el baño. Estos
remedios de Agua potenciarán tu necesidad de
expresar tus deseos y de aceptar que otros tienen
valores que son muy distintos a los tuyos.

Puedes incorporar también colores tierra, como
ocres, terracotas y cálidos ámbares. Te ayudarán a
entender mejor cómo necesitas relacionarte con los
demás. La Tierra te da conciencia de ti mismo y de
los demás; el Agua, de la necesidad de conectar uno
y otros por medio de la intuición y la comunicación.
Coloca un trozo de cuarzo ahumado en el pasillo
para aumentar el cariño genuino por tus seres más
cercanos.

Verano

Es el momento de trabajar con tu potencial interior para lograr la armonía interna. A menudo este es un momento del año muy eléctrico para el Metal, ya que está atravesando el elemento Fuego.

El Fuego no es totalmente compatible con el Metal, ya que le da más bríos y lo anima a ser más decidido y dominante todavía. Una persona Metal con demasiado poder se peleará con los demás y también consigo mismo.

Atravesar esta estación puede ser como una tormenta con mucho aparato eléctrico; todas las corrientes de tu cuerpo estarán cargadas, preparadas para el conflicto o para responder con rayos (y tú sintiendo como si tuvieras que hacerte dictador o santo). Puede que te irrite la gente que parece estar pensando solo en sí misma, al tiempo que tú mismo te niegas a cambiar tus propias opiniones. Puede que veas que la energía del Fuego enfatiza tu parte más cínica, y que te haces arrogante e inflexible cuando se trata de hacer tratos o tomar decisiones. Este es el momento del año en el que, simbólicamente, la Luna está casi llena; un momento en el que es necesario el análisis y el perfeccionamiento para que el momento del brillo luminoso de la Luna traiga consigo una intención y resolución claras. Ahora es el momento en el que necesitas utilizar las energías de todos los elementos para desarrollar tu propio potencial (ver Diagrama 11).

Los círculos de poder protegen, inspiran y nutren. Si trazas un círculo de poder en el momento más difícil, energéticamente, del año, podrás reflexionar sobre tus propias cualidades y combinarlas con las de los otros elementos. Así, lo que una vez fue un periodo poco propicio se convierte en un momento más beneficioso para planificar y tomar decisiones.

Puedes utilizar cualquier tipo de piedras, cristales o conchas para hacer tu círculo; de hecho, puedes usar cualquier objeto natural siempre y cuando el trazado sea el sugerido. Puedes dejar el centro vacío para meditar en tu elemento dominante o colocar el talismán específico de tu elemento o tu cristal allí como un recordatorio de tu propia valía. El talismán natural para el Metal es el árbol del olivo (las aceitunas o los huesos de aceituna son un talismán igualmente poderoso). El cristal del elemento Metal es el cuarzo blanco o el diamante.

Si creas el círculo fuera de tu casa, asegúrate de que esté al sol durante parte del día al menos. Demasiada sombra reduciría su energía. Si creas el círculo dentro de tu casa, intenta colocarlo en una habitación que dé al oeste (la orientación más propicia para el Metal). Obviamente, no todo el mundo tiene un diamante, pero un cristal de cuarzo blanco es muy asequible e igualmente efectivo. Si prefieres utilizar aceitunas (negras o verdes servirán igual), quítales los huesos, lávalos, deja que se sequen al sol durante unos cuantos días y luego mételos en un pequeño recipiente de cristal y colócalo en el centro de tu círculo.

Mantén el círculo de poder intacto durante la mayor parte del verano, o hasta el 29 de julio aproximadamente, cuando empieza la estación de la Tierra. Si estás pendiente de las fases de la Luna, mejor. En la luna llena, coloca una vela blanca encendida al lado de tu círculo de poder y haz la siguiente afirmación: «Mi verdadero propósito es la entrega a la belleza y honrarme a mí mismo. A través del Metal me regenero y me transformo. Con pureza e intuición puedo sanar mi mundo interior y el mundo exterior que incluye todas las formas de vida».

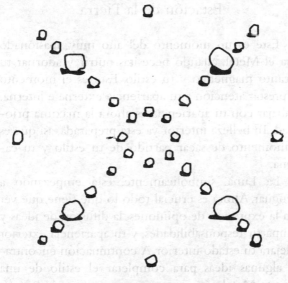

Diagrama 11
Círculo de poder de piedras cósmicas
del elemento Metal

Cuando los días empiezan a ser más cortos y los cielos dorados de la estación de la Tierra iluminan las nubes del horizonte, puedes retirar con tranquilidad el círculo de poder de piedras. Pero guarda las piedras o los cristales en un lugar seguro y preciado (en una caja o envueltas en seda) hasta el siguiente verano (o hasta que entres en una fase de un elemento diferente y necesites utilizarlas para otra estación). Ahora te servirán para nutrirte interiormente y debes respetarlas por ello.

Estación de la Tierra

Este es un momento del año muy apasionado para el Metal, cuando necesitas nutrir y adornar tu encanto magnético y tu estilo. Este es el momento de prestar atención a tu apariencia externa e interna. Trabajar con tu apariencia es ahora la máxima prioridad. Tu belleza interior ya está preparada, así que es el momento de sacar partido de tu estilo y tu carisma.

La Luna, simbólicamente, está empezando a menguar. Ahora es crucial todo lo que tiene, que ver con la expresión de opiniones, la difusión de ideas y compartir responsabilidades, y tu apariencia exterior reflejará tu estado interior. A continuación encontrarás algunas ideas para completar el estilo de una persona Metal.

Tienes una gran intuición e integridad y puedes impactar realmente cuando te lo propones. Con una presencia tan poderosa, los que están a tu alrededor no pueden dejar notar tu presencia. A menudo serás la persona de tu círculo que viste con más distinción y estilo. Para acentuar tu erotismo, vístete con colores oscuros y sensuales y lleva un zafiro o un trozo de lapislázuli. Llevar algo de oro, una cadena, joyas o un reloj, te hará más magnético y atractivo, y los aceites orientales y perfumes almizclados (de musk) serán excelentes para afirmar tu individualidad. Como color escoge el blanco, el negro o los ricos azules y los violetas oscuros. Y para dar vitalidad a tu piel, cabello y cuerpo, y para tu bienestar en general, haz el siguiente ritual.

Esparce un círculo hecho con hierbas a tu alrededor, mientras tú estás en el centro. Utiliza semillas de eneldo, mejorana, lavanda, clavo y romero. Puedes utilizar hojas o flores secas o frescas, pero asegúrate de que el círculo no se rompe en ningún lugar. Ahora agarra tu cristal natural y siéntate con las piernas cruzadas dentro de tu círculo. Mantén el cristal apretado entre las manos durante un minuto. Retira las hierbas y colócalas en una bolsa de papel especial para ello o, si necesitas secarlas, déjalas al sol y luego recógelas y guárdalas en un recipiente cerrado al vacío.

Al irte a la cama, coloca el cristal en el bordillo de una ventana donde pueda absorber la energía de la Luna. Tu cuerpo y tu aspecto se revitalizarán y estarás radiante muy pronto.

La Cámara Secreta

Las cualidades que tú puedes ofrecer en la vida y las que necesitas aprender y desarrollar son las claves para el éxito de la vida. Las personas Metal a menudo caminan a ciegas por la calle, sin darse cuenta de que lo que perciben es solo lo que ven con sus propios ojos. Por eso juzgan, critican y comentan, a menudo sin darse cuenta de que lo están haciendo. Cada uno nos centramos en un aspecto de la vida distinto, por lo que es importante saber cómo utilizar la energía del Metal de una manera positiva para ver las virtudes de tu elemento, pero también para hacernos conscientes y reconocer sus defectos.

Defectos

Si eres una persona Metal, puede que tiendas a asumir el control sin permitir a los demás que digan su opinión o hagan su aportación en las decisiones. Puede que haya momentos en los que tu naturaleza extrema te lleve a separarte y que pongas fin a tratos, acuerdos o incluso relaciones sin pensar dos veces en la persona involucrada o las consecuencias. Al ser a menudo fanático y obsesivo, si tus necesidades no se ven satisfechas, puedes parecer una persona demasiado amenazadora para almas que son menos autónomas. Así, puede resultarte difícil tener amistades genuinas y con cariño o una pareja íntima. Muchas relaciones pueden verse deshechas en tu viaje hacia delante. Aun así, eres, en el fondo, una persona solitaria y tu arrogancia es solo un mecanismo de defensa. Pocos son tan listos como tú o capaces de comprender que tu aire de dureza y desapego a menudo esconde un alma verdaderamente vulnerable.

Virtudes

Ser Metal significa que eres una persona muy motivada y emprendedora. Tienes el don de convertir los sueños en realidades prácticas. Tu honestidad, integridad y determinación pueden ser de un valor incalculable para los demás en el trabajo o en las relaciones. Al ser una persona autónoma, eres capaz de responder abiertamente y con una gran intuición sobre la mente humana. Tu talento para hacerte cargo en una situación de crisis puede llevarte a grandes logros y éxitos. Pero debes hacer sitio también para la comunicación e intentar expresar tus propias necesidades.

Al admitir las diferencias de cada persona, podrás llevar la armonía a tu propia vida, que ya no estará distorsionada por juicios o por la necesidad de perfección. Tu discernimiento es una valiosa fuente de inspiración para que los demás lleguen a conocerse realmente, y puedes experimentar la alegría de transformar las vidas de otras personas, al hacerles conocer el autodominio y el autocontrol. Para ayudarte a canalizar esta energía, haz que tu cama, tu despacho o tu silla o sofá favorito miren hacia el oeste, la orientación más beneficiosa para el Metal.

Capítulo Seis
El Palacio del Agua

Cristal: ámbar o turquesa
Talismán natural: trébol de cuatro hojas

PRIMERO, comprueba si este es el elemento predominante para ti actualmente o si es tu elemento clave. Si este no es tu elemento natural de nacimiento, habrás visto que tu energía cambia a lo largo del año. Cuando así sea, simplemente vete al palacio del elemento que te corresponda. El Huerto tiene que ver con la belleza interior y exterior, con el cuerpo, la forma física, el entorno y sirve para potenciar tu éxito y tu valía personal. Contiene consejos de Feng Shui para mejorar tu casa, incluyendo rituales, ciclos de la Luna y de los chakras, símbolos y afirmaciones mágicas y formas de aumentar tu poder, así como los momentos propicios del año para tomar decisiones o para planificar. La Cámara Secreta es el lugar en el que puedes descubrir qué es lo que puedes ofrecer a los demás y qué necesitas aprender y desarrollar mientras atraviesas esta fase.

Aquí en el Palacio del Agua te encontrarás con el flujo sensible de las corrientes del océano y con la naturaleza fluida y siempre cambiante de los mares que puede revitalizar y nutrir tu cuerpo, tu mente y tu espíritu. Si estás en una fase en la que domina el elemento Agua, o es tu elemento de nacimiento, entonces necesitas crear y mantener armonía, ya estés en la fase oscura o de luz del elemento Agua.

El Huerto

Tu apariencia física y tu bienestar son, sencillamente, la manifestación externa de cómo te sientes por dentro, emocional, mental y espiritualmente. Trabajar con estos tres aspectos a la vez no es fácil y puede que te encuentres con que es mejor concentrarse en un solo tipo de energía a la vez. Cuando el Agua es tu elemento dominante o de nacimiento, necesitas analizar qué simboliza y qué representa en tu vida, completando y equilibrando este con los otros elementos. El Agua se puede beneficiar al incorporar los otros cuatro elementos en el ambiente, pero especialmente de la Madera y el Metal.

Forma física

Teniendo en cuenta la naturaleza sociable y dispersa de la energía del Agua, puede que sientas que prestar atención a tu forma física es una obligación, más que una expresión de las necesidades de tu cuerpo, de la que disfrutar. Las personas Agua son muy sensibles a los que tienen a su alrededor y notan que transmiten y reciben todo tipo de energías cuando están entre la multitud o en lugares con mucha actividad. Los deportes de equipo y muy energéticos o de mucha actividad no van con tu naturaleza delicada y psíquicamente perceptiva. Quizá, nadar, ir en bote u otras actividades acuáticas sean la mejor manera de mantenerse en forma. También te irían bien los juegos solidarios como el golf, la marcha rápida por el campo o disciplinas como el yoga y el tai chi para restablecer tu equilibrio físico. El planeta Mercurio se asocia con el Agua en la astrología china. Mercurio se relaciona con la destreza, la velocidad y una gran carga de energía nerviosa; así pues, quizá te vayan bien deportes como el tenis, tiro con arco, dardos, esgrima o cualquier cosa que requiera una mente rápida y habilidad en los pies o manos. Correr a larga distancia o las pruebas de resistencia corporal no son para ti.

Ya que tienes una naturaleza impredecible, puede que cambies de actividad regularmente; por ejemplo, que te apuntes a la clase de aeróbic de tu zona y, acto seguido, decidas irte a un curso de vela en su lugar. Sigue la actividad que más te haga disfrutar del ejercicio físico. Al ser escurridizo y fugaz, te gustan todas las formas de estimulación. La danza, la música o el canto pueden devolverte el equilibrio interior sin tener que actuar mirando a los que te rodean. Esto puede traerte serenidad y mayor estabilidad a tu vida.

Cómo dar vitalidad a tu belleza interior durante las cinco estaciones del año

Para complementar y equilibrar altos niveles de energía del elemento Agua, los remedios con Madera y Metal pueden incorporarse para embellecer y fortalecer tu cuerpo por dentro y por fuera.

Los chinos tienen cinco estaciones en el año en vez las cuatro nuestras. Son: primavera, verano, la estación de la Tierra, otoño e invierno. El Diagrama 12 te muestra cómo se relacionan con los cinco elementos y con el Agua en particular

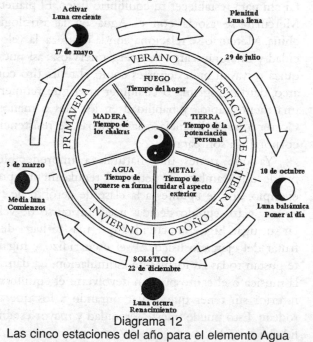

Diagrama 12
Las cinco estaciones del año para el elemento Agua

Para el Agua, el momento más beneficioso del año es el invierno. Simbólicamente, es entonces cuando estás más en armonía con los ritmos naturales de las estaciones. El solsticio de invierno marca el principio del invierno, normalmente alrededor del 22 de diciembre. La Luna está ahora en el periodo de la luna oscura, justo antes de la luna nueva. Simbólicamente, este es el momento en que las ideas empiezan a germinar, cuando se viven los sueños y cuando las semillas para nuevas cosechas se plantan en la tierra, que está preparada para el renacimiento y la regeneración. La vida está latente mientras la naturaleza espera que emerjan y comiencen nuevas formas, nuevas ideas: «Si viene el invierno, ¿puede estar la primavera demasiado lejos?».

En el año chino de cinco estaciones, el verano está dividido en verano y la estación de la Tierra, y llega hasta nuestra primavera y otoño. Ya que el cambio de una estación a otra varía de año en año, utiliza las fechas del diagrama solo como una guía aproximada. Por ejemplo, si no sientes que la primavera ha llegado realmente el 5 de marzo, no empieces a hacer las tareas de primavera hasta que «sientas» que es el momento correcto. Puede variar unos cuantos días, o incluso una semana hacia ambos lados de estas fechas.

Cada estación marca un momento específico para cuidar de tu cuerpo, tu entorno o tu bienestar interior. Utiliza el siguiente calendario para ayudarte. Al incorporar más específicamente elementos de Feng Shui de Metal y Madera, y al utilizar con mayor cuidado los aspectos de Tierra y Fuego, puedes equilibrar tu elemento Agua en cada estación propicia.

Invierno	Trabaja la belleza exterior, el cuerpo, la forma física y la comida.
Primavera	Tiempo para trabajar con los chakras para la armonía interior.
Verano	Concéntrate en tu entorno en el hogar
Estación de la Tierra	El mejor momento para trabajar en el poder personal.
Otoño	Trabaja tu apariencia exterior y el deleite interior

Invierno

Puedes tener cambios de humor bastante radicales durante tu propia estación. Habrá momentos en los que te sientas muy sociable y comunicador, y en otras ocasiones puede que te retires a tu nido, prefiriendo la soledad y la pereza a la compañía y frivolidad. Esta incoherencia se puede equilibrar si utilizas el invierno como un momento especial para ti.

Aunque tu forma flexible de enfrentarte a la vida te inspira y te lleva por una catarata de aventuras llenas de vida, hay momentos en los que necesitas acumular la resistencia e integridad del Metal y la cooperación de la Madera.

Si el invierno hace que te vayas a un clima cálido, asegúrate de llevarte en la maleta remedios del elemento Madera. Uno de los más potentes activadores del Agua para los viajes (y el Agua *está* siempre viajando de una forma u otra) es la consuelda. Puedes conseguir las hojas secas o el polvo de raíz. Cualquiera de ellos irá bien.

Coloca la hierba o el polvo dentro de una caja de madera o incluso dentro de una caja de cerillas. Coloca la caja en el fondo de la maleta o bolso y viaja con ella durante la estación invernal para activar la desenvoltura y la calma en cualquier situación.

Para acentuar la confianza en ti mismo y tu dedicación, utiliza aceite de sándalo en el baño y, si es posible, hazte con un trozo de sándalo que puedas tener en la mano (a menudo hay pequeñas figuritas hechas con sándalo en las tiendas de productos orientales). Por la noche, antes de dormir, coloca el trozo de madera bajo tu almohada para activar tus poderes de persuasión y una actitud flexible en la vida. Mientras te bañes, enciende una vela aromática, preferiblemente con olor a pachulí o almizcle (musk) blanco y, mientras disfrutas del baño de espuma o de aceite de sándalo, hecha un poco de agua con lavanda o flores de romero para darle un toque exótico a tu belleza exterior. Quizá hasta la parte menos centrada y más influenciable de tu naturaleza se aclare y puedas empezar a comunicar tus verdaderos sentimientos más que ser un simple reflejo de las opiniones de los demás.

Para devolver la calma a un sistema nervioso que está a menudo estresado y muy cargado, utiliza aceitunas y aceite de oliva con tus comidas favoritas. También, utiliza romero y tomillo al cocinar para limpiar y purificar el sistema digestivo.

Ritual para la estación de invierno

Es mejor llevarlo a cabo cerca del solsticio de invierno, también conocido como «el día más corto». Este ritual dará vitalidad, aumentará y mejorará tu encanto y tu naturaleza seductora para el resto del año y te asegurará que tu manera poco comprometida de enfrentarte a la vida se equilibra con una suave persistencia.

El Agua crea Madera dentro del ciclo natural de los elementos, pero se vale del Metal para dar electricidad y la chispa de la autoconciencia a su naturaleza fluida. Las personas Agua a menudo van corriendo a todas partes buscando respuestas sin encontrarlas realmente nunca. Este ritual puede ayudarte a centrarte en ti mismo, para que no te sientas distraído por la energía psíquica de los demás. Este ritual puede enriquecer tu afinidad natural por la comunicación y los demás, sin llevarte a patrones de comportamiento volubles y neuróticos. Si es posible, lleva a cabo este ritual al exterior en una noche de invierno intensa y en calma. Elige una noche de luna creciente si puedes.

Tu elemento mágico de Metal o tótem debe ser uno de los siguientes: muérdago, oro, plata, un trozo de ojo de tigre, una copa o taza de peltre o de otro

metal. Para tu tótem de Madera necesitas tres puñados de flores u hojas de las siguientes plantas: romero, tomillo, hojas de manzano, hojas de laurel, geranio y pensamientos de invierno. Debes haberlas reu-
nido y dejado una noche o un día en el lugar donde
harás el ritual. No tienes que reunir todas ellas, solo
las que puedas encontrar. (Si te es difícil encontrar
estas hierbas en el invierno, usa un puñado de hierbas ya secas.)

Coloca el tótem de Metal que hayas elegido
sobre un trozo de tela blanca sobre un muro, sobre el
palo de un árbol, sobre una silla o mesa de jardín
(cualquier cosa que esté por encima del nivel del
suelo). Recuerda, si utilizas muérdago, asegúrate de
que nunca toca el suelo una vez que hayas adquirido
la rama. Esta planta de invierno es conocida por los
druidas como la «sanadora de todos los males» y tiene
propiedades mágicas extraordinarias. Se consideraba
de muy mala suerte ponerla en el suelo.

Después, enciende dos velas verdes o amarillas y
esparce los puñados de hierbas por encima del tótem
de Metal. Esta es tu propia energía de Agua que está
siendo ofrecida a la energía del Metal y de la Madera
y que equilibrará tu belleza interior. Mientras tanto,
haz la siguiente afirmación para ti mismo en voz alta
o escríbela y luego entierra el papel: «De Agua soy.
Con mi energía siempre fluyendo voy derramando
amor creativo en las almas de los demás. Ahora
puedo ofrecer mi sensible perceptibilidad psíquica
con libertad. Con cariño y con comprensión, con
desenvoltura y dedicación, compondré una música
según la cual viviré».

Primavera

Cuando los días empiezan de nuevo a ser más largos y la luna, simbólicamente, deja de ser la delgada luna nueva para centrarse en su crecimiento, es el momento para trabajar con la energía de tus chakras. Este es el momento para que el Agua venza los miedos y las contradicciones, y dedicarse tiempo a sí mismo en vez de dedicar su devoción solo a los demás. Esta es la estación de la Madera, y para el Agua es un momento muy beneficioso para adquirir una actitud más desapegada.

Chakra es una palabra sánscrita que significa «rueda». Estas ruedas son centros de energía localizados en siete puntos que se extienden desde la base de la columna vertebral hasta la parte superior de la cabeza. Estas espirales de energía invisible vibran y se relacionan con muchas otras energías, y se corresponden con todos los aspectos de nuestra vida. Al trabajar con cada chakra puedes despertarte a una energía más positiva. Para disfrutar de belleza y armonía, necesitas trabajar sobre la sensualidad y el carisma. Cuando estás en una fase Agua, o cuando sientes una profunda conexión con el Agua o es tu elemento de nacimiento, necesitas trabajar en especial con los chakras que corresponden al Metal y a la Madera (ver Diagrama 6).

Esta es una descripción simplificada de las asociaciones de la energía de cada chakra.

Elemento Tierra	(Chakra Raíz): Energía sólidamente enraizada, centrada, expectante, de aceptación.

Elemento Agua   (Chakra del Sacro): Receptiva, creativa, sensible, sexual.

Elemento Fuego   (Chakra del Plexo Solar): Vitalidad, visión de futuro, entusiasmo, optimismo.

Elemento Madera   (Chakra del Corazón): Amor desinteresado, compasión, ideales, altruismo.

Elemento Metal   (Chakra de la Garganta): Poder, verdad, confianza, responsabilidad.

Los otros dos chakras son el chakra del Entrecejo (energía psíquica, intuitiva, percepción, espíritu) y el chakra de la Corona (conciencia cósmica, alma, el umbral). Sin embargo, no están asociados con los elementos chinos. Trabajaremos con los chakras de los cinco elementos. Estos cinco se corresponden con nuestro conocimiento consciente, una conciencia que debemos asimilar antes de movernos hacia arriba a los chakras superiores del Entrecejo y la Corona. Estos dos nos acercan a la conciencia del inconsciente y más allá.

Los dos chakras más importantes para el Agua en la estación de la Tierra son el chakra de la Garganta y el chakra del Corazón.

Otros cinco chakras han sido «descubiertos» más recientemente, pero para los propósitos de nuestro viaje por los elementos no necesitamos profundizar más en este respetado sistema de autoconocimiento, crecimiento y sanación.

Chakra del Corazón

Se puede activar colocando un trozo de jade o de turmalina verde (que es más económica) en la repisa de una ventana que mire hacia el norte. La turmalina es una de las piedras más preciosas y nos ayuda a combinar la cualidad vivificante del universo con una mayor sensación de nuestra propia valía. Déjala allí hasta el final de la primavera. Si no puedes conseguir estos cristales, utiliza el siguiente ritual para restaurar el equilibrio de tu chakra del Corazón.

Una vez que tu chakra del Corazón está desbloqueado, verás que eres capaz de amar de forma más incondicional y que te acordarás de cuidarte a ti mismo tanto como a los demás. Con una naturaleza tan social, puedes perder el contacto con tu propio amor. Al estimular suavemente tu chakra del Corazón, empezarás a sentir compasión y ternura por ti mismo y por todo el que pase por tu puerta.

Para hacer este ritual, reúne siete hojas de menta fresca o siete trozos de papel hecho a mano. Déjalas en el bordillo de una ventana durante siete noches, luego junta las hojas (si utilizas papel aplástalo en pequeñas bolas) y colócalas en un pequeño bolso o bolsa de tela. Llévalo contigo durante tanto tiempo como necesites hasta sentirte abierto a los demás, pero no vulnerable a su energía. Cuelga una guirnalda de romero y tomillo por dentro y encima de la puerta de entrada a tu casa, para un mayor reconocimiento de tu propia valía.

Chakra de la Garganta

Puede que necesites desbloquear el chakra de la Garganta para que tu integridad interior y tu habilidad para responsabilizarte de tus acciones y tus sentimientos pueda estimularse. Para ayudar a relajar la tensión en el chakra de la Garganta, coloca una talla de sándalo o un trozo de cristal de cuarzo blanco en tu dormitorio.

Cada mañana, al levantarte, toca el talismán, y cada noche, al irte a la cama, sostenlo entre tus manos durante tres minutos mientras deseas compasión y armonía para ti y para tus relaciones. Al honrar tu propia valía, y con tus chakras desbloqueados, tu belleza externa se alineará más libremente con la belleza interior. Para estimular tu belleza exterior, usa aceite de pachulí y/o de madreselva y deléitate en tu bañera.

Verano

Para el Agua, el verano es el momento para trabajar con la belleza exterior creando un entorno más armonioso en tu casa. El Fuego tiene una afinidad natural con el verano y puede que notes que necesitas una cierta cantidad de Fuego en tu vida para estimular tu mente. Las personas Fuego, sin embargo, pueden ahogarse en tu mundo acuático de acciones y pensamientos escurridizos. Les gusta tener una visión de futuro y un propósito, mientras que a las personas Agua les encanta como idea pero tienen siempre una opción a mano para escaparse de cualquier decisión.

Al incorporar remedios de Feng Shui de Madera, Fuego y Metal, puedes llevar la armonía a tu entorno a tiempo para la estación de la Tierra, y asegurarte de que hay mayor autoestima, espontaneidad y disfrute en todos los aspectos de tu vida.

La Madera es el remedio que más animará tu casa. Sin embargo, estamos rodeados de muebles de madera, libros y papeles, así que asegúrate de que pones algún remedio especial de Madera en tu habitación favorita. Intenta encontrar una talla de madera de un pájaro; la libertad que simboliza un pájaro te permite permanecer más desapegado cuando otros, inconscientemente, te agobian con sus necesidades emocionales. Si no encuentras un pájaro, lleva alguna joya montada sobre madera, especialmente si es ébano, una mezcla perfecta de Metal y Madera.

Coloca un trozo de malaquita o un adorno de jade en una habitación que dé al sur para añadir gracia y sutileza a tu personalidad exterior. Los elementos armonizadores del fuego, para animar tu vida amorosa o el ambiente laboral, son velas blancas e incienso de sándalo. Las telas que utilices pueden ser lujosas y de colores vibrantes. Intenta encontrar un cuadro o un grabado con un paisaje agreste de montaña y cuélgalo en tu habitación, encima de la cama. Los objetos de plata debes incluirlos con cuidado porque pueden hacer a las personas Agua más sensibles de lo que son normalmente. Esto se debe a que la plata se asocia con la Luna, y la Luna es un símbolo muy receptivo y refleja los sentimientos intuitivos del Agua.

Si puedes, incluye algo de oro falso o real en el diseño interior de tu casa, ya sea usando el color oro o incorporando cacharros de cocina de bronce y cobre. El Metal no tiene que ser un elemento demasiado invasor en tu casa. Quizá también puedas incluir, dentro de los colores de tu casa, una vibrante mezcla de fucsia y turquesa, o pintarlo todo de blanco y complementarlo y darle contraste con colores vivos para añadir ese apasionado matiz revitalizador.

Estación de la Tierra

Ahora es el momento en que la Luna está simbólicamente en su punto álgido. Está llena, y cargada con intención y propósitos claros. Este puede ser un momento difícil del año para el Agua, ya que en la estación del elemento Tierra puedes tener dificultades para centrar y enraizar tu energía; preferirías estar preparado para poder marcharte en cualquier momento o, al menos, tener la oportunidad de cambiar de opinión. Este es el momento para que centres y dirijas tu poderosa imaginación y tu habilidad psíquica. La Tierra puede literalmente absorber el

Agua y disminuir tu actitud fluida y flexible. Pero para tu potencia personal, necesitas recurrir a todas las energía de los elementos, incluyendo la Tierra, utilizando un círculo de poder del elemento Agua (ver Diagrama 13).

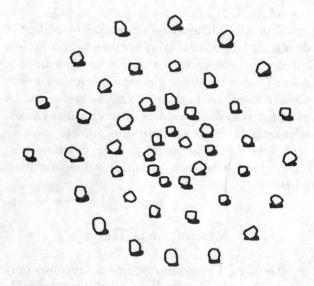

Diagrama 13
Círculo de poder del elemento Agua con piedras
en espiral

Los círculos de poder protegen, inspiran y nutren. Si trazas un círculo de poder en el momento más difícil, energéticamente, del año, podrás reflexionar sobre tus propias cualidades y combinarlas con las de los otros elementos. Así, lo que una vez fue un periodo poco propicio se convierte en un momento más beneficioso para planificar y tomar decisiones.

Puedes utilizar cualquier tipo de piedras, cristales o conchas para hacer tu círculo; de hecho, puedes usar cualquier objeto natural siempre y cuando el trazado sea el sugerido. Puedes dejar el centro vacío para meditar en tu elemento dominante o colocar el talismán específico de tu elemento o tu cristal allí como un recordatorio de tu propia valía. El talismán natural para el Agua es un trébol de cuatro hojas. El cristal natural para el agua es el ámbar o el lapislázuli. (Los tréboles de cuatro hojas existen *de verdad,* pero si prefieres no dedicarte a buscarlo, entonces cualquier imagen, un dibujo, cuadro, un boceto rápido hecho con un lápiz, valdrá. Como alternativa, puedes usar flores de lavanda). Si creas el círculo fuera de la casa, asegúrate de que recibe la luz del Sol al menos unas cuantas horas al día, ya que demasiada sombra le restaría energía. Si lo haces dentro de casa, asegúrate de que está en una habitación o un rincón que dé al norte, la orientación más beneficiosa para el Agua.

Mantén el círculo de poder intacto hasta el final de la estación de la Tierra. Utiliza la fecha que he sugerido o, fiel a tu naturaleza de Agua, trabaja con tu propia intuición para cambiarla. Si estás pendiente de las fases de la Luna, mejor. Cerca de la luna llena, coloca una vela azul encendida al lado de tu círculo de poder y haz la siguiente afirmación: «Mi alma fluye como las aguas del tiempo. Puedo conectar en cualquier momento con los sentidos del uni-

verso; el corazón de todos los seres me hace consciente de mi propia valía; ahora es el momento de
apreciarme».

Cuando sientas el cambio de estación, puedes
retirar tu círculo de poder sin problemas. Guarda las
piedras o cristales en un lugar seguro (envuélvelas en
una tela especial o colócalas en una caja especial)
hasta la siguiente estación de la Tierra o cuando la
energía de tu elemento cambie. Ahora serán tu alimento interior y debes respetarlas como tales.

Otoño

Para utilizar tus cualidades seductoras y tu
encanto con tus amigos y tu pareja, recurre a la propia belleza del Agua en este momento del año para
activar tu autoestima interior. Cuida como un tesoro
tu naturaleza cautivadora e impredecible. Aquí
encontrarás algunas ideas para dar vitalidad al estilo
de una persona Agua.

Para acentuar tu cualidad seductora, viste con
colores violeta suave, o azul verdoso o azul Prusia.
Tu ropa debe ser ligera, con un toque efímero y
vaporoso; telas que se muevan contigo más que telas
rígidas que tiren de ti hacia el suelo. La mayoría de
las personas Agua son rápidas y siempre van corriendo para encontrarse con la siguiente experiencia.
Para calmar tu energía nerviosa e inquieta, usa perfumes almizclados (de musk), báñate en aceite de
cedro, de bergamota o de esencia de rosa para calmar
y aquietar tu mente superactiva.

Este es un ritual especial de belleza para armonizar tu metabolismo superactivo. Las personas Agua necesitan sentirse en contacto con su mundo interior, y recordar sus sueños puede hacer maravillas por su apariencia externa y por su felicidad interior. Haz una "almohada para sueños" con pétalos de flores de manzanilla. Pon los pétalos dentro de un trozo pequeño de tela y simplemente ata la tela y colócala debajo de tu almohada, o ponla al lado de tu cama, donde la fragancia y el poder de las hierbas puedan penetrar en todos tus sentidos mientras duermes. Si no puedes encontrar pétalos de manzanilla, puedes utilizar la manzanilla que se usa para infusión. Esta almohada para los sueños puede ayudarte a aliviar las ansiedades externas que la persona Agua tiende a experimentar.

La Cámara Secreta

Las cualidades que tú puedes ofrecer en la vida y las que necesitas aprender y desarrollar son las claves para el éxito de la vida. Las personas Agua caminan muchas veces a ciegas, sin darse cuenta de que perciben el mundo solo a través de sus propios ojos. Por eso juzgan, critican y comentan, a menudo sin darse cuenta de que lo están haciendo. Cada uno nos centramos en un aspecto de la vida distinto, por lo que es importante saber cómo utilizar la energía del Agua de una manera positiva, para ver las virtudes de la fase del elemento en la que estamos, pero también para ser conscientes y reconocer sus defectos.

Defectos

Si eres una persona Agua, puedes sentirte inclinada a buscar respuestas con demasiada rapidez, dejando siempre los conflictos a un lado, por lo que los demás pueden pensar que eres una persona poco profunda. Puede que parezcas voluble y poco constante, interesado solo en ser el centro de atención si no tienes que comprometerte. Puedes ser tan sensible a las necesidades de los demás que te olvides de las tuyas propias y termines siendo un reflejo de los demás, sin saber quién eres realmente. Otros se pueden aprovechar de tu buen carácter y puede que te empiecen a molestar los amigos cercanos. Tu vulnerabilidad puede surgir como duda e indecisión, y los demás no sabrán cuál es su lugar con relación a ti. Querer serlo todo para todo el mundo tiene su precio para tus niveles de energía, y quizá te encuentres a menudo luchando con las dudas y la confusión y prefieras estar soñando sobre las posibilidades más que pasar a la acción, de manera realista y práctica, para obtener tus objetivos.

Virtudes

Uno de tus dones es que tienes conciencia real de cómo se sienten los demás. Tu sensibilidad puede hacer maravillas si haces a los demás darse cuenta de que tu también tienes sentimientos. Puede que seas muy bueno escuchando, pero también necesitas comunicar tus propias necesidades. Al mostrar que tienes un contacto profundo e inconmensurable tanto con lo espiritual como con lo profano, y que sabes por dónde ir en la vida más por intuición que por lógica, puedes enseñar a los demás el poder de la intuición. Tienes la habilidad de comunicar cosas sobre el cielo y la tierra que muy pocas personas tienen tiempo ni de considerar. Tu manera de percibir las relaciones, tanto con el mundo a tu alrededor como con las personas, es precisa y profunda, agudizada por la experiencia y los encuentros extraordinarios que has tenido en la vida.

Otros pueden empezar a ver el valor de tu flexibilidad, y tú, también, gradualmente, puedes darte cuenta de que tus valores internos son la expresión personal, la creatividad y la transformación. Tu necesidad de cambio es algo innato, pero al ser consciente de que puedes impresionar y seducir a los demás con los misterios de la vida más que con vagas imaginaciones, la tuya será una búsqueda por el ser centrada y auténticamente compasiva. Para ayudar a vitalizar tu integridad, asegúrate de que tu cama, tu escritorio o tu silla o sofá favorito están de cara al norte, la orientación más beneficiosa para el Agua.

Capítulo siete
El Palacio de la Madera

Cristal: malaquita, jade, turmalina verde
Talismán natural: pomelo o manzana

PRIMERO, comprueba si este es el elemento predominante para ti actualmente o si es tu elemento clave. Si este no es tu elemento natural de nacimiento, habrás visto que tu energía cambia a lo largo del año. Cuando así sea, simplemente vete al palacio del elemento que te corresponda. El Huerto tiene que ver con la belleza interior y exterior, con el cuerpo, la forma física, el entorno, y sirve para potenciar tu éxito y tu valía personal. Contiene consejos de Feng Shui para mejorar tu casa, incluyendo rituales, ciclos de la Luna y de los chakras, símbolos y afirmaciones mágicas y formas de aumentar tu poder, así como los momentos propicios del año para tomar decisiones o para planificar. La Cámara Secreta es el lugar en el que puedes descubrir qué es lo que puedes ofrecer a los demás y qué necesitas aprender y desarrollar mientras atraviesas esta fase.

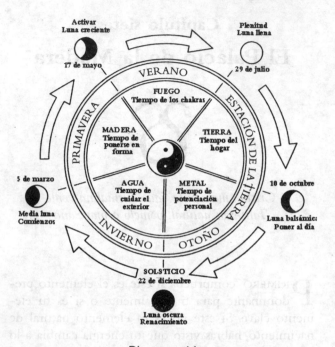

Diagrama 14
Las cinco estaciones del año para
el elemento Madera

Al entrar en el Palacio de Madera entras en un lugar donde la madurez, el equilibrio y la libertad dictarán tu actitud con respecto al resto del mundo. Aquí, el amor a la humanidad nutre y revitaliza tu cuerpo, mente y espíritu. Si estás en una fase dominante del elemento Madera o es tu elemento de nacimiento, entonces necesitas crear armonía en tu vida, ya estés en una fase oscura o de luz del elemento Madera.

El Huerto

Tu apariencia física y tu bienestar son, sencillamente, la manifestación externa de cómo te sientes
por dentro, emocional, mental y espiritualmente.
Trabajar con estos tres aspectos a la vez no es fácil y
puede que te encuentres con que es mejor concentrarse en un solo tipo de energía a la vez. Cuando la
Madera es tu elemento dominante o de nacimiento,
necesitas analizar qué simboliza y qué representa en
tu vida, completando y equilibrando este con los
otros elementos. La Madera se puede beneficiar al
incorporar los otros cuatro elementos en el ambiente, pero especialmente del Fuego y el Agua.

Forma física

La Madera crece lentamente, madura a su tiempo, pero tiene unas raíces profundas y fuertes. De
manera similar, las personas Madera necesitan tomarse su tiempo y tienen unos insólitos niveles de energía. Tienen un gran empuje que dirigen hacia los
objetivos de su energía canalizada, y son muy críti-
cos con ellos mismos si no están a la altura de sus
propias expectativas.

Si la Madera es tu elemento dominante o de
nacimiento, puede que necesites hacer deportes o
juegos que se centren el logro personal y en las actividades experimentales. El campo de deportes no es
para ti, prefieres los juegos de equipo o mantenerte
en forma tranquilamente en el gimnasio. Los grandes

espacios al aire libre llaman tu atención, ya sea salto con paracaídas, bajar en balsa por aguas rápidas o montañismo. Cualquier cosa que ponga a prueba tu apetito por lo inusual, lo difícil y lo que supone un reto. Cuanto más tiempo tengas para planificar tu estrategia para mantenerte en forma, mejor te lo pasarás.

En la astrología tradicional china el planeta Júpiter rige a las personas Madera. Júpiter representa expansión, así que puedes sentirte atraído a probar nuevas ideas y nuevas técnicas (cuanto más raras y descabelladas, mejor). La Madera busca respuestas, verdades y conocimiento, y puedes encontrar todo esto a través de la competición contigo mismo. El buceo en alta mar, el submarinismo y el salto de trampolín tienen una mezcla de Agua y Madera que puede armonizar y estimular a una persona Madera no muy equilibrada. También la escalada, las carreras de coches o esquiar a alta velocidad te pueden dar una mayor sensación de aventura, ya que todos incorporan el elemento Fuego.

Cómo dar vitalidad a tu belleza interior en las cinco estaciones el año

Para complementar y equilibrar los altos niveles de energía de Madera, se pueden incorporar remedios de Fuego y Agua para embellecer y fortalecer tu cuerpo interior y exterior.

Los chinos tienen cinco estaciones en el año en vez las cuatro nuestras. Son: primavera, verano, la

estación de la Tierra, otoño e invierno. El Diagrama
14 muestra cómo se relacionan con los cinco elementos y con la Madera en particular.

El mejor momento del año para la Madera es
la primavera. Este es el momento en que de forma
natural estás al mismo ritmo que las estaciones, un
momento para hacer planes, elegir, cambiar de trabajo o de casa. La Madera necesita espacio, y la primavera te da espacio para moverte libremente, para
reconocer tus responsabilidades para contigo
mismo sin miedo a los compromisos excesivos con
otros, que es el mayor problema de las personas
Madera.

En el chino de las 5 estaciones, el verano se divide en verano y estación de la Tierra, y se corresponde con nuestra primavera y otoño. Ya que el cambio
de una estación a otra varía de año en año, utiliza las
fechas del diagrama solo como una guía aproximada.
Por ejemplo, si no sientes que la primavera ha llegado realmente el 5 de marzo, no empieces a hacer las
tareas de primavera hasta que sientas que es el
momento correcto. Puede variar unos cuantos días,
o incluso una semana hacia ambos lados de estas
fechas.

Cada estación marca un momento específico
para cuidar de tu cuerpo, tu entorno o tu bienestar interior. Utiliza el siguiente calendario para
ayudarte. Al incorporar más específicamente elementos de Feng Shui de Fuego y Agua, y al utilizar con mayor cuidado los aspectos de Tierra y
Metal, puedes equilibrar tu elemento Madera en
cada estación propicia.

Primavera	Trabaja la belleza exterior, el cuerpo, la forma física y la comida.
Verano	Tiempo para trabajar con los chakras para la armonía interior.
Estación de la Tierra	Concéntrate en tu entorno en el hogar
Otoño	El mejor momento para trabajar en el poder personal.
Invierno	Trabaja tu apariencia exterior y el deleite interior

Primavera

Los cielos cambiantes y el aumento de luz del día hacen que la Madera tenga más espacio para respirar. Las personas Madera a menudo viven el ritmo rápido de la vida de ciudad, pero, incluso las que están firmemente comprometidas con su trabajo, pueden necesitar relajarse y experimentar la amplitud de los espacios abiertos para dar más energía y armonía a su cuerpo, mente y alma. La primavera es el momento de trabajar con tu belleza, exterior e interior. Al utilizar hierbas de los elementos Fuego y Agua, y también rituales, puedes garantizarte una constante receptividad a ideas nuevas y diferentes, y puedes perfeccionar los planes que ya has empezado a diseñar en tu mente para el futuro. Al tener equilibrio interior, tu carisma exterior brillará y se equilibrará. Utiliza hierbas del elemento Agua y Fuego en la cocina y en el baño.

Si vives cerca del mar, coge algas. Si estás en una gran ciudad, puedes comprar algas importadas para cocinar. Los chinos son muy aficionados a tomar algas crujientes, así que regálate una comida en un restaurante chino de vez en cuando para armonizar tu sistema digestivo. Los cacahuetes, la nuez moscada, los pimientos rojos y el ajo dan energía de Fuego y pueden incorporarse a tus platos con facilidad. A las personas Madera les gusta experimentar con la comida y perfeccionar todos los estilos de cocina. Estos elementos de Fuego también te darán mayor espontaneidad para ayudarte a alcanzar tus sueños y añadir un toque de dinamismo positivo a tu elegancia. También te ayudan a que el sistema digestivo se mantenga equilibrado y con vitalidad.

Para el baño utiliza aceite de lavanda. Abrirá tu mente y te hará más sensible a las necesidades de los demás. Hazte con las siguientes hierbas o flores, ya sean los pétalos o las hojas, y mézclalos en un recipiente de piedra: lavanda, reina de los prados, lirios del valle, alcaravea, lúpulo, madreselva o geranio. Para despertar la sensualidad, esparce un poco de estas hierbas en el baño antes de meterte. Como alternativa, enciende una vela roja para la pasión y echa unas cuantas flores de lavanda sobre la llama. El incienso te inspirará y te conectará con una nueva sensación interna de entusiasmo teñido de pasión.

Ritual para la estación de primavera

Cerca del equinoccio de primavera, que normalmente cae sobre el 20 de marzo, realiza el siguiente ritual para aumentar tu conciencia personal, perfeccionar tus ideales y centrarte en ellos. Este ritual acentuará tu impulso creativo y te dará confianza en tu habilidad para atraer y disfrutar de una vida llena de entusiasmo. Las personas Madera a menudo temen que los demás se hagan dependientes de ellas. Tu individualidad debe permanecer intacta en todo momento, y este ritual puede estimular tu capacidad de respuesta y atraer a tu vida otras personas que respeten tus ideales de libertad y no sean posesivas.

Primero, hazte con las siguientes flores, plantas, hojas, pétalos o hierbas secas: romero, tomillo, hojas de manzano o capullos de la flor, nébeda, crisantemo, menta, rosas silvestres y hojas de roble. No tienes que reunir todas ellas, utiliza las que encuentres. Luego, tritúralas (pero no utilices un utensilio de metal para hacerlo ya que el Metal es un elemento degenerativo para la Madera).

En el jardín, o donde te sientas realmente cerca de la naturaleza, coloca tres velas rojas. Serán tus tótems de Fuego. Coloca un recipiente de cristal con agua azul (teñida con tinte para madera o con acuarelas) en el espacio entre las velas. Observa el baile de las llamas de las velas en el Agua. Ahora echa un poco de la mezcla de las plantas con energía Madera sobre tu talismán del Agua y, finalmente, echa otro poco sobre las velas encendidas. De forma simbólica, estarás ofreciendo tu propia belleza a los elementos armonizadores del Agua y del Fuego. Mientras el aroma te envuelve, haz la siguiente afirmación: «Soy de Madera y, como Madera, exploraré el mundo; con libertad, colaborando y con un mayor deseo de amor por la humanidad. Puedo comunicar esta intención con sinceridad y honestidad, dando vitalidad a mi mundo interior y a mi belleza exterior».

Estación de verano

Chakra es una palabra sánscrita que significa «rueda». Estas ruedas son centros de energía localizados en siete puntos que se extienden desde la base de la columna vertebral hasta la parte superior de la cabeza. Estas espirales de energía invisible vibran y se relacionan con muchas otras energías y se corresponden con todos los aspectos de nuestra vida. Al trabajar con cada chakra, puedes despertarte a una energía más positiva. Para la belleza y la armonía, necesitas trabajar sobre la sensualidad y el carisma. Cuando estás en una fase Madera, o cuando sientes una profunda conexión con la Madera o es tu elemento de nacimiento, necesitas trabajar en especial con los chakras que corresponden al Fuego y al Agua (ver Diagrama 6).

Esta es una descripción simplificada de las asociaciones de la energía de cada chakra.

Elemento Tierra   (Chakra Raíz): Energía sólidamente enraizada, centrada, expectante, de aceptación.

Elemento Agua   (Chakra del Sacro): Receptiva, creativa, sensible, sexual.

Elemento Fuego   (Chakra del Plexo Solar): Vitalidad, visión de futuro, entusiasmo, optimismo.

Elemento Madera   (Chakra del Corazón): Amor desinteresado, compasión, ideales, altruismo.

Elemento Metal   (Chakra de la Garganta): Poder, verdad, confianza, responsabilidad.

Los otros dos chakras son el chakra del Entrecejo (energía psíquica, intuitiva, percepción, espíritu) y el chakra de la Corona (conciencia cósmica, alma, el umbral). Sin embargo, no están asociados con los elementos chinos. Trabajaremos con los chakras de los cinco elementos. Estos cinco se corresponden con nuestro conocimiento consciente, una conciencia que debemos asimilar antes de movernos hacia arriba a los chakras superiores del Entrecejo y la Corona. Estos dos nos acercan a la conciencia del inconsciente y más allá. Los dos chakras más importantes para revitalizar la Madera en la estación de la Tierra son el chakra del Sacro y el chakra del Plexo Solar.

Otros cinco chakras han sido «descubiertos» más recientemente, pero para los propósitos de nuestro viaje por los elementos no necesitamos profundizar más en este respetado sistema de autoconocimiento, crecimiento y sanación.

Chakra del Sacro

Para armonizar y equilibrar el chakra del Sacro, hazte con lavanda fresca o seca y pon algunas flores en un recipiente colocado en el bordillo de una ventana que mire al este. Cuelga un ramo de lavanda encima de la puerta de la cocina para darte armonía, felicidad y una mayor flexibilidad mental.

Si puedes, obtén un trozo de ámbar o aguamarina y colócalo en la habitación más utilizada de la casa. Cada vez que pases por delante, toca el cristal. Su poder activará tus sentidos. Si eres Madera, puede que pienses que la intimidad con los demás implica perder tu libertad y dejarte atar por la responsabilidad y los lazos. Sin embargo, al desbloquear suavemente tu chakra del Sacro, puedes empezar a comprender que una relación no se construye necesariamente sobre la dependencia. Los demás también pueden respetar tu individualidad y tu necesidad de libertad. Para garantizar que tu estilo seductor y que tu naturaleza extravertida funcionan a tu favor, y no contra ti, añade aceite de geranio rosa o un puñado de pétalos de rosa al agua del baño antes de cualquier encuentro que pueda preocuparte.

Chakra del Plexo Solar

El chakra del Plexo Solar es el lugar para trabajar con tu capacidad para probar cosas nuevas y para arriesgarte, confiando en ti para poder aceptar un mayor entusiasmo en tu vida. Cuando eres Madera, o estás en una fase Madera, aunque puede que te guste ser testigo de los cambios y del progreso en tus amigos o pareja, rara vez tú actúas de forma dinámica o impulsiva. Para que la energía de tu Plexo Solar esté desbloqueada de forma que el cambio fluya en tu vida, coloca un trozo de sanguinaria, de cornalina o de cuarzo amarillo en la esquina de tu habitación favorita. Todos estos cristales simbolizan la claridad, la percepción y la exuberancia. Crea un rincón mágico en una estantería que esté a la altura de la cadera. Coloca un pequeño espejo detrás del cristal para que sus cualidades se reflejen en ti.

Estación de la Tierra

Para la Madera, la estación de la Tierra es el momento de dedicarte a la belleza y para que se refleje en tu casa y en lo que te rodea. No tienes que volver a decorarlo todo, pero al incorporar algunos principios de Feng Shui, empezarás a equilibrar el yo interior con el mundo exterior.

Los mejores remedios y elementos para potenciar la Madera son candelabros, lámparas de araña y una iluminación espectacular. Otra cosa que equilibra la energía del Fuego es una ristra de pimientos rojos que puedes colgar en la cocina para darles nuevos bríos y mayor sentido de aventura a tus relaciones. Si no tienes una chimenea, pon un cuadro o fotografías que contengan algún elemento de Fuego (cualquier cosa, desde una dulce escena alrededor de la chimenea hasta una explosión cósmica de estrellas). Consigue una antigua vidriera de colores y apóyala contra una ventana para que coja la luz del sol y pueda refractar pasión y entusiasmo en tu vida.

También puedes incorporar elementos de Agua en tu casa, pero evita las peceras con agua estancada. En su lugar, convierte tu baño o ducha en un sitio elegante en el que puedas disfrutar del Agua. Si no, incorpora elementos de Agua en la decoración; utiliza colores azules suntuosos, violetas oscuros y negros en las telas y los muebles. Incorpora cuadros o imágenes de agua: por ejemplo, antiguos grabados de libélulas, ranas y sapos, peces o animales de las profundidades marinas y sirenas. Evita que haya demasiado Metal en tu casa, ya que destruye la Madera y puede hacerte llegar a pensar que las relaciones íntimas no tienen ningún valor. Un toque de Tierra siempre es beneficioso para enraizar tus grandes ideas y planes para el futuro. Elige uno o dos colores Tierra como amarillo ocre o terracota. Coloca unas cuantas piedrecitas cerca de la entrada principal para ayudarte a dar paz y una mayor intención a todo lo que hagas.

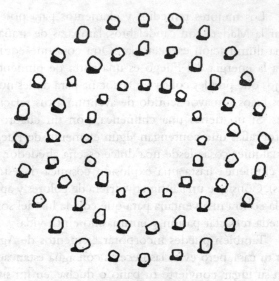

Diagrama 15
Círculo de poder con piedras del árbol de Madera

Otoño

Este es el mejor momento del año para trabajar con tu potencial interior y lograr armonía. El Metal rige la estación del otoño y destruye la Madera según el ciclo de los elementos. Las personas Madera a menudo se ven rodeadas de la firme dureza del Metal. De manera similar, en este momento del año puede que sientas que tu entusiasmo natural por la libertad, por las causas humanitarias y por la libertad se vea minado por una sensación de aislamiento. Para acentuar tu potencial personal, recurre al círculo de poder de la Madera (ver Diagrama 15).

Los círculos de poder protegen, inspiran y nutren. Si trazas un círculo de poder en el momento más difícil, energéticamente, del año, podrás reflexionar sobre tus propias cualidades y combinarlas con las de los otros elementos. Así, lo que una vez fue un periodo poco propicio se convierte en un momento más beneficioso para planificar y tomar decisiones.

Puedes utilizar cualquier tipo de piedras, cristales o conchas para hacer tu círculo; de hecho, puedes usar cualquier objeto natural siempre y cuando el trazado sea el sugerido. Puedes dejar el centro vacío para meditar en tu elemento dominante o colocar el talismán específico de tu elemento o tu cristal allí como un recordatorio de tu propia valía. El talismán natural de la Madera es la granada o la manzana. El cristal del elemento Madera es la malaquita o la turmalina verde.

Si creas el círculo fuera de tu casa, asegúrate de que esté al sol durante parte del día al menos. Demasiada sombra reduciría su energía. Si creas el círculo dentro de tu casa, intenta colocarlo en una habitación que de al este (el este es la orientación de poder para el elemento Madera, especialmente en el otoño).

Mantén el círculo de poder intacto durante la mayor parte del otoño, o hasta que sientas que el invierno ya ha llegado. Utiliza el calendario de las cinco estaciones para Madera como recordatorio sobre cuándo cambian las estaciones más o menos. Si estás pendiente de las fases de la luna, mejor. En la luna llena, coloca una vela verde encendida al lado de tu círculo de poder y haz la siguiente afirmación: «Soy altruista. Mi corazón responde a las necesidades de la humanidad y mi imaginación se centra en todo lo bueno que traerá el futuro. Mi Madera se enciende con la libertad y mi alma da calor a las personas serenas».

Cuando empiece a anochecer antes o cuando veas que el invierno está a la vuelta de la esquina, puedes retirar con tranquilidad las piedras o cristales de poder. Pero guárdalas en un lugar seguro (en una caja o envueltas en seda) hasta el siguiente invierno. Ahora serán tu alimento interior y debes respetarlas como tales.

Invierno

Ahora es el momento de trabajar en tu apariencia exterior y permitirte usar colores, elementos que realcen tu belleza y talismanes personales. Al ser una persona extravertida, con un alto sentido estético y con la mente abierta, necesitas mostrarte atractiva y experimental. Si te decantas por la excentricidad, entonces utiliza verdes indulgentes, turquesas profundos, negros, colores aceituna y exóticos colores oscuros para acentuar tu estilo siempre a la última. Manteniendo distancias y con tu apariencia encantadora y seductora serás irresistible en cualquier ambiente. Para acentuar tu poder seductor en las reuniones sociales, lleva colores simples y austeros o el erótico negro para se vea que vas en serio. Lleva puesto, o en algún lugar contigo, solo un cristal perfecto, como un topacio, una calcedonia o una turmalina verde. Para dar vitalidad y nutrir tu belleza interior, coge tu talismán natural, una granada (si no puedes conseguir una, utiliza una manzana), ábrela y saca las semillas. Cuando estén secas, coloca las semillas en una pequeña piedra o recipiente de terracota, cierra los ojos y cuéntalas una a una. Al hacerlo, imagina que cada semilla te está ofreciendo verdadera compasión, cariño y sensibilidad hacia tantas personas como semillas haya.

La Cámara Secreta

Descubrir tus cualidades escondidas puede enriquecer el propósito de tu vida. Cada uno de nosotros caminamos solos y percibimos el mundo y todo lo que hay en él solo desde nuestro propio punto de vista. El mundo se centra a nuestro alrededor aunque nuestra actitud sea altruista y caritativa. Incluso los santos ven el mundo solo desde su perspectiva piadosa, porque también ellos están centrados en su ego.

Por eso es importante saber cómo canalizar tu energía de Madera de una forma positiva, no solo para beneficiarte a ti mismo, sino también para enfatizar el sistema de energías del mundo tal como lo conocemos. Al ver las virtudes y los defectos de tu elemento, puedes empezar a aceptar la disparidad de otros, así como su conexión contigo.

Defectos

Si eres una persona Madera, puede que pienses que tu libertad debe mantenerse a toda costa, incluso a expensas de las necesidades de los demás. Por ello, quizá rehúses el contacto íntimo, prefiriendo el desapego y una respuesta fría antes que compartir una experiencia y ser cálido. Puede que creas que tienes el derecho de ser diferente y que esperes que los demás respeten esta cualidad única en ti, pero que se la nieguen a ellos mismos.

Como consecuencia, tus relaciones tanto con individuos como con grupos grandes pueden verse afectadas. Si, testarudamente, te empeñas en impresionar al mundo con tus ideales de perfección, puedes sentirte aislado por los amigos y la familia, que tienen su forma particular de vivir de vida, diferente a la tuya e igualmente válida.

Virtudes

Al mostrarles a los demás que la espontaneidad y la originalidad pueden ser algo muy valioso, sin presentar tu propia originalidad como dogma, y permitiendo a los demás expresar sus propias opiniones, tu sabiduría se hará más profunda. Escucha las diferentes opiniones de distintas personas. Tienes un gran poder para disfrutar de tu individualidad, más que los demás elementos, y al mostrar, a los amigos y colegas, el valor que tiene la independencia puedes servirles de inspiración gracias a la visión de futuro que está tan arraigada en tu alma. Tu dinámica habilidad para ver las cosas en términos objetivos puede traer grandes cambios dentro de cualquier actividad de grupo o asociación y, por lo tanto, asegúrate de que el amor que tienes al cambio se manifiesta en progresos y en realidad, y no se queda solo en sueños y aspiraciones en tu cabeza.

Capítulo ocho
Los elementos en el trabajo

E N ESTE CAPÍTULO descubrirás qué profesión, vocación o forma de trabajar encaja mejor con cada elemento de nacimiento. Si estás en una fase que no es la de tu elemento de nacimiento, entonces combina los dos para comprender más profundamente la mejor manera de expresar tu energía en el mundo exterior.

Fuego

Al ser una persona Fuego, quizá pienses que trabajas mejor en una actividad en la que estás en mitad del punto de mira, o por lo menos al cargo; necesitas dirigir más que ser parte de un equipo.

La industria del espectáculo es un lugar maravilloso para que dejes salir tu energía exuberante y juvenil. La enseñanza es también una buena profesión para los que han nacido bajo el elemento Fuego, aunque puede que te falte la paciencia y el tacto para manejar a niños o jóvenes. Si puedes equilibrar tu energía, poderosa y entusiasta, con los beneficios de la Madera y la Tierra, verás que tu inspiración y tu visión funcionan bien en todos los aspectos del mundo empresarial o, literalmente, frente a las cámaras.

Para crear una energía Fuego más equilibrada y efectiva en tu profesión, prueba a incorporar elementos de Tierra y de Madera en tu entorno, incluyendo algunas plantas y, quizá, un pequeño grupo de piedras o una escultura tallada en tu oficina o en tu área de trabajo. Si trabajas en el escenario o en la pantalla, en radiodifusión o como representante de ventas, lleva una malaquita o una estaurolita (piedra de las hadas) en el bolsillo para hacerte más compatible y tolerante con las personas menos inspiradoras de tu alrededor. Puede que sea mejor que evites trabajar cerca del agua o con personas en las que el Agua es un elemento muy dominante. Pueden ahogar, literalmente, tu energía y hacer que te sientas deprimido e insatisfecho. Y esto, a su vez, te puede volver aún más temperamental y más propenso a tener reacciones impulsivas solo por escapar a las olas de energía emocional que surgen a tu alrededor.

Tierra

Las personas Tierra trabajan mejor entre bastidores. Eres capaz de responsabilizarte y también de delegar si es necesario. Como tienes el poder de llevar el control y un buen discernimiento, puedes ser asertivo y tener tacto a la vez, seguro de que tus ideas y planes están bien pensados y se basan en un práctico sentido común, más que en momentos espontáneos e impulsivos de pensamiento irracional. Tu sentido de la responsabilidad implica que los demás estarán cómodos contigo y seguros de tu compromiso y lealtad. Aunque los colegas de trabajo pertenecientes al elemento Fuego pueden parecer demasiado exaltados y avasalladores, tú te entusiasmarás con sus inspiradores planes y serás capaz de enraizar sus ideas y convertirlos en beneficios prácticos. Sin embargo, trabajar con personas del elemento Madera puede hacer que te tires de los pelos de pura frustración. Prefieres la regularidad, la prudencia y la independencia a los métodos demasiado libres de las personas Madera. La persona Madera puede ser demasiado dispersa y demasiado experimental en la búsqueda de su vocación, cuando una persona Tierra sabe que eso es algo que lleva tiempo establecer. Si puedes equilibrar tu talento artístico, sensible y muy desarrollado, y beneficiarte de la incorporación de elementos de Fuego y Metal en tu entorno, descubrirás que tu persistencia y tu independencia tienen su recompensa, cuando otras personas habrían abandonado ya el trabajo impacientemente.

Incorpora elementos de Fuego en tu ambiente laboral colgando un espejo detrás de tu mesa de despacho o área de trabajo. Esto desvía la energía opresiva y favorece un mayor dinamismo en tu lugar de trabajo. Las profesiones adecuadas para el elemento Tierra van desde hacer carrera en campos como gestión, economía o política (para los más ambiciosos) hasta anticuarios, ilustradores profesionales, artistas, bailarines y músicos. Las personas Tierra a las que les guste el aire libre pueden preferir la jardinería, la arquitectura de paisajes o el diseño de interiores.

Las personas Tierra son más capaces que las de ningún otro elemento, pero asegúrate de que la profesión que estás actualmente siguiendo o en la que te vayas a embarcar está a la altura de tu talento y de tu necesidad de calma.

Metal

Quizá veas que trabajas mejor en una profesión en la que puedas estar al mando. No llevas bien que te manden, y puede que el trabajo en equipo o compartir las responsabilidades laborales choque con tu necesidad innata de ir por tu lado. Un trabajo solitario o de especialista te va mejor. No eres una persona muy social por naturaleza y, probablemente, preferirías trabajar entre bastidores ocupándote de los acuerdos importantes y guiando a otros para que trabajen de tu parte.

Necesitas mantener un aire de distanciamiento y de independencia en la vida, lo que significa que puedes ser firme y ambicioso cuando te viene bien. Puedes sentirte extraño si te rodean demasiadas personas Madera o Fuego. Las personas Fuego son inspiradoras y espontáneas, pero sus necesidades apasionadas y egocéntricas pueden entrar en conflicto con tu voluntad de dedicación a una causa, cruzada o ambición. La persona Metal espera logros a gran escala; la persona Fuego lucha solamente por ella misma.

Los beneficios del Agua en el ambiente laboral pueden ser enormes para el Metal. El Agua te hace recordar tu necesidad para la comunicación y la expresión personal. Quizá sea muy gratificante para ti trabajar en profesiones relacionadas con la salud, ya que ahí se aplica tanto tu necesidad de investigar, detectar y observar, como tu habilidad para permanecer distanciado y en calma en una crisis. Tienes un talento natural para escuchar, aunque te puede resultar difícil no ser también juez al mismo tiempo. Sin embargo, las personas Agua serán inestimables dentro la profesión que elijas, y es muy probable que puedas equilibrar los arrebatos de soledad del Metal con la resistencia y la habilidad que necesitas para poder regenerarte, tanto física como mentalmente. Las profesiones que más te van son: detective, investigador, cualquier tipo de ocupación relacionada con el mar, misiones peligrosas, así como ser consejero o consultor financiero, los mercados financieros y los juegos de azar.

Las personas Metal, que tienen la determinación necesaria para trabajar duramente y por mucho tiempo para lograr el éxito en lo que se proponen, nunca dependen de los demás en lo que atañe a su futuro, y no esperan recibir de otros ánimos y halagos, por lo que muchas veces las personas Metal tienen fama de trabajar solos y con una determinación implacable.

Agua

El agua tiene que comunicarse. Si no comparte su experiencia con los demás se convertirá o en un iceberg de neurosis o en una ola imparable de frivolidad. Para disfrutar de tu ambiente laboral necesitas tener gente a tu alrededor, siempre y cuando puedas ser libre de irte por tu lado cuando sientas el deseo impredecible de cambiar. Lo que mejor va con tu naturaleza inquieta es un lugar de trabajo amplio y variado en la industria del espectáculo o en los medios de comunicación, donde puedas estar siempre en movimiento. A veces puedes parecer informal, como si siempre estuvieras listo para escapar, mientras otros están totalmente comprometidos con los desafíos que tienen delante; pero lo tuyo es el arte de la persuasión, la imaginación y la creatividad. Tienes un talento muy valioso para escribir, ser periodista, orador y para expresarte bien. Puede que prefieras la música antes que el arte, pero cualquier actividad en la que puedas aplicar tu creatividad te va a garantizar que tendrás un trabajo tranquilo y del que podrás disfrutar.

Otras profesiones que están en consonancia con las personas Agua son: trabajos de sanación, terapias, psicología, orientación y enfermería, así como la enseñanza, relaciones públicas y tratar con el público. Sin embargo, al ser muy perceptivo a todas las personas que tienes a tu alrededor, es importante que te tomes un descanso y que te relajes en tu propia compañía.

Incorpora algún elemento de Madera en tu lugar de trabajo, ya sea una talla de madera o una planta que crezca hacia arriba (evita las plantas que cuelgan o caen hacia abajo, que pueden hacer decaer tu energía en movimiento). Trabajar con personas Fuego puede extenuarte, y las personas Tierra pueden hacerte sentir que no puedes moverte de tu mesa o quizá anulen tus habilidades para la comunicación. Las personas Madera te dan la sensación de que estás libre de juicios, y las personas Metal te harán creer en ti mismo.

Madera

Si eres una persona Madera, quizá notes que trabajas mejor en un ambiente en el que puedas dar expresión a tu libertad e individualidad al máximo. Puedes tener talento para la experimentación e innovación. Tienes la habilidad de proyectar ideas y planes a largo plazo hacia el futuro y, por ello, puede que necesites una profesión que requiera un acercamiento científico o basado en la investigación. Más que nada, necesitas tener la posibilidad de ser original e ingenioso si así lo deseas. Tu lado artístico implica que prefieres que el lugar de trabajo sea agradable estéticamente. Quizá tus valores humanitarios te lleven a trabajar en cuestiones sociales, problemas mundiales o medio ambiente, actividades que requieran viajar y tener libertad para explorar, por el amor que profesas a no comprometerte.

Trabajar con personas Tierra puede mejorar tu necesidad de afianzar tus ideales y objetivos, y las personas Fuego pueden servirte de estímulo para arriesgarte y adoptar una actitud más enérgica en tus planes. Pueden resultarte atractivas las profesiones Agua, como las que requieren encuentros de uno a uno (como profesiones para orientar y ayudar a otros), pero quizá sea mejor que te rodees de personas del elemento Agua más que intentar involucrarte en una profesión característica del Agua. Las terapias requieren un fuerte compromiso y una estrecha relación, algo que les resulta incómodo a las personas Madera, incluso en su vida privada.

Evita trabajar con personas Metal; entrarían en conflicto con tu visión idealista por su, aparentemente, arrogante e invasora actitud de autosuficiencia. Si actualmente estás trabajando en un ambiente que te resulta difícil, haz que tu autoestima mejore llevando un trozo de lapislázuli o de ámbar en tu bolsillo o bolsa.

Cualquier actividad entre arquitectura y arqueología te irá bien, pero los trabajos de dirección pueden llegar a resultarte pesados al final. Necesitas disfrutar de la amplitud del mundo, ver cómo otros van mejorando en su vida, su salud, su ambiente social o su vocación. Cualquier profesión en la que puedas ayudar a la gente a mejorar su calidad de vida, ya sea en el extranjero o en tu país, puede darte un terreno en el que enfocar tus cualidades altruistas.

La relación jefe/empleado

¿Cuál es el grado de compatibilidad con tu empleado o con tu jefe? ¿Qué elementos son los mejores colegas profesionales y cómo te llevas con aquellos que no ven el mundo desde tu perspectiva? Esta sección te ayudará a saber cómo tratar las relaciones difíciles en el trabajo, estableciendo quién puede ser el mejor jefe o empleado para ti y destacando aquellos con los que puedes entrar en conflicto.

Jefe Fuego/empleado Fuego

Esta puede ser una relación laboral inspiradora, siempre y cuando ambos sepan encontrar la paciencia y la disciplina necesarias para poder aceptar el punto de vista, dominante y tenaz, del otro. Estar en la posición de empleado Fuego puede ser frustrante y limitador al enfrentarse a un jefe Fuego igualmente dominante. Debido a que se parecen tanto, el empleado Fuego puede provocar y disfrutar incitando a su empleado hasta el punto de llegar a la confrontación. También puede ocurrir que el jefe Fuego sea tan increíblemente orgulloso y egocéntrico que ningún empleado Fuego podría trabajar a las órdenes de una persona tan egoísta y tan pareja. El Fuego necesita arder y arder solo. Juntos, pueden ir echando chispas por la oficina, pero no les será fácil relajarse en la compañía del otro. Los retos de superioridad pueden sucederse; el jefe siempre será consciente de su poder, y el empleado siempre estará preparado para demostrarle que puede ser igual de poderoso. El Fuego no es feliz como empleado y puede recurrir a tácticas impulsivas y peligrosas para asumir el papel de líder en su carrera hacia la cima, sin respetar a los que se encuentre por el camino. No tiene la falta de piedad del Metal, para la persona Fuego su necesidad de ser el primero y el mejor es una cuestión de ingenuidad infantil.

Jefe Fuego/empleado Tierra

Esta es una relación que se desarrolla con el tiempo. El Fuego puede pensar que la Tierra es lenta en comprender las cosas, y que le falta una mayor percepción o empuje. Sin embargo, el empleado Tierra, sagaz y sensato, normalmente tantea el terreno antes de expresar su propia necesidad imperiosa de ser oído. Una vez que la Tierra hace su impacto personal, práctico y con base, en el lugar de trabajo, el jefe Fuego puede relajarse y se dará cuenta de que la compañía de un empleado Tierra es una experiencia cómoda y estimulante.

Para responder a los ideales del Fuego, a menudo poco prácticos, la Tierra puede ofrecer consejos con base y observaciones prudentes que el Fuego puede llegar a desoír por su tendencia a abordar la vida de una forma obstinada. Perseguir metas es el objetivo del Fuego, mientras que la Tierra prefiere esperar y ver qué ocurre. Juntos pueden trabajar en cualquier trabajo, en cualquier ambiente, utilizando sus diferentes niveles de energía para lograr un buen efecto. A veces, el Fuego se frustra con las opiniones rígidas y rigurosas de la Tierra y con su compromiso con el pasado. El Fuego prefiere seguir adelante y moverse a diferente velocidad, mientras la Tierra prefiere quedarse con la seguridad de lo que se conoce y se sabe que es verdadero. Aun así, la Tierra se sentirá animada y encantada con la velocidad y las payasadas infantiles de un jefe Fuego, y el empleado Tierra puede valorar más sus propios logros y desarrollar la habilidad para tomar la iniciativa o arriesgarse sin temer a las consecuencias.

Jefe Fuego/empleado Metal

Las posibilidades de que el Metal sea un empleado del Fuego son casi nulas. Son dos extremistas, y ambos requieren altos grados de respeto uno por el otro. Honor es una palabra que el Metal utiliza mucho, pero si el Metal no respeta la energía rampante y a veces explosiva y temeraria del Fuego, ¡el Metal puede llegar a abandonar el trabajo y llevarse a los mejores miembros del equipo con él!

El Fuego puede animar al Metal a hacer grandes cosas, pero, en general, estos dos elementos verán que es difícil adaptar dos formas de entender la vida tan diferentes. Sin tener piedad para lograr lo que ambiciona, el Metal se crece con la lealtad, el poder y la determinación. El Fuego es exigente, dinámico y le gusta el riesgo; mientras que el Metal prefiere hacer planes cuidadosamente, estudiar las cosas y estar seguro antes de hacer ningún cambio. El Metal quiere llevar el cotarro, y el Fuego puede dejar que el Metal tenga más responsabilidades de lo necesario solo para garantizarse su propia independencia. Al ser igualmente decididos y muy conscientes de sí mismos, los dos egos pueden destrozarse uno a otro en la batalla por la dominación. El Fuego lo quiere todo *ahora* y porque sí, el Metal prefiere dominar el mundo y enseñarle a tocar al son del Metal. El Fuego puede no aguantar el estilo dictatorial del Metal por mucho tiempo, y el despido puede muy bien ser el resultado.

Jefe Fuego/empleado Agua

La persona Agua es por naturaleza comunicativa, expresiva y sensible. En todos los ambientes laborales en los que el Fuego es el jefe, el Agua puede sentirse agotada porque se le exigen unos niveles de energía muy altos.

El Agua puede cambiar, adaptarse y ser flexible. Esto atrae instantáneamente al Fuego, a quien le encantará estar con alguien que es capaz de poner en marcha sus decisiones impulsivas y arrebatadas. El Fuego y el Agua representan niveles de energía opuestos: la acción apasionada e impulsiva contra un carácter indeciso y poco concreto. Aun así, de alguna manera, en el lugar de trabajo estas dos energías pueden equilibrarse mutuamente y beneficiarse de la diferencia de energía del otro.

El Agua puede absorber las demandas a menudo poco realistas del Fuego y empleará rápidamente su ingenio y una planificación inteligente para replantearle la idea original de una forma tal que el Fuego creerá que esa idea ha sido suya. El Agua no solo recompone la idea del Fuego, sino que le añade un poco de imaginación y sensibilidad para que el proyecto, plan o futura inversión se pueda llevar a cabo.

La facilidad de comunicación del Agua es algo que el Fuego valora mucho, a menudo inconscientemente. Existe el peligro, sin embargo, de que el Agua pueda ahogar el Fuego en su empatía excesiva por los problemas de los demás.

Las personas Fuego necesitan ser el centro de atención, alimentarse del amor de sus empleados, y esperan una total de dedicación a ellos. El Agua es demasiado inconstante, inconsecuente e impredecible como para poder hacer voto de lealtad a una sola persona, ¡y menos si es el jefe! La persona Agua puede llegar a irritar a la persona Fuego al ser demasiado introvertida y de apariencia demasiado encantadora. La persona Agua puede llegar a ser el paño de lágrimas del equipo, escuchando a los problemas de todos, incluso del Fuego, lo que suele causar muchos dolores de cabeza. Por su parte, las personas Agua nunca se entregan demasiado y al Fuego esto no le importa. Pero aunque el Fuego necesita la flexibilidad del Agua, quizá sea demasiado vanidoso como para poder manejar la actitud demasiado informal que tiene el Agua con el resto del equipo.

Jefe Fuego/empleado Madera

Esta puede ser una combinación excelente. En una relación laboral, el Fuego puede ser demasiado abrumador para la Madera, que prefiere dejar las cosas para más tarde y no tiene un impulso muy entusiasta. Sin embargo, en general, la Madera será capaz de llegar a acuerdos y aceptar las necesidades exageradas y ardientes de su jefe sin renunciar a sus propios principios.

La Madera funciona mejor en un trabajo al servicio de los demás. Si las grandes ideas y la inspiración del Fuego se combinan con la imaginación de la Madera, juntos pueden cooperar con éxito y pueden llegar a formar una conexión más profunda que muchas otras asociaciones. La palabra asociación es importante aquí, porque la Madera cree en la igualdad. La única dificultad puede ser que el entusiasmo del Fuego por una idea nueva puede llegar a desvanecerse tan rápido como surgió. Si la Madera no puede seguir los planes veloces del Fuego, entonces el Fuego puede saltar a la siguiente idea antes de que la Madera haya tenido tiempo de entender qué ha pasado. Como resultado, las personas Madera, espíritus libres, pueden sentirse inclinadas a ir por su lado, separándose y llegando a ser muy dogmáticas, solo para poder mantener su libertad. Comprometerse con las ideas descabelladas y a menudo audaces de las personas Fuego, puede significar para la Madera perder su objetividad. El Fuego debe aprender a dejar a la persona Madera perfeccionar y hacer planes para el futuro a su manera.

Pero ambos sabrán identificarse el uno con el otro y crear una atmósfera de armonía, porque ambos creen en la libertad del individuo y están dispuestos a experimentar con nuevas ideas. Sin embargo, la Madera no estará contenta si el Fuego recarga la relación con retos de poder (que es la única espina de la parte altruista, y también ambivalente, de la persona Madera).

Jefe Tierra/empleado Tierra

La persona Tierra siente pasión por justificarse, y quizá esta dinámica es la única que se deja ver de su naturaleza cautelosa y receptiva. Pero en una relación jefe/empleado, ambos pueden darse cuenta de que se pasan más tiempo justificándose el uno con el otro que en cualquier otra relación. El empleado del elemento Tierra está a la altura de la necesidad del jefe por tener en su vida regularidad, paciencia y pragmatismo. La tolerancia es el mejor atributo del empleado Tierra, además de su naturaleza artística y creativa, que necesita algo concreto en lo que concentrarse. Si el jefe Tierra está en plan indulgente o expansivo, puede ofrecer al empleado Tierra un puesto de trabajo más favorable o hacer un avance en la dirección correcta. Esto confirma la necesidad del jefe Tierra por sentirse seguro. Al sentirse alimentados por los empleados que han elegido, los jefes Tierra son únicos recompensando a sus empleados, haciendo que estos se comprometan aún más con su trabajo. Recuerda, las personas Tierra son jefes cuidadosos, preocupados principalmente por su propia seguridad, particularmente cuando se trata de confiar en los que están a su alrededor, y por ello probablemente solo puedan confiar en un empleado Tierra.

Sin embargo, las personas Tierra tienen una naturaleza muy emocional y celosa. Si ni el jefe ni el empleado son suficientemente honestos como para admitir sus miedos y sentimientos difíciles con respecto a su trabajo o sus colegas, entonces los antagonismos internos y el resentimiento pueden empezar a salir a la superficie. Las personas Tierra rara vez admiten sus equivocaciones, porque temen las consecuencias de tener que vivir según lo que han prometido. En momentos de problemas emocionales, las personas Tierra pueden preferir marcharse antes que admitir ante su jefe Tierra que se equivocaron.

Jefe Tierra/empleado Metal

Una de las cualidades que el jefe Tierra admira más es la persistencia, y el Metal es muy persistente. De hecho, puede serlo tanto que incluso las personas Tierra pueden empezar a preguntarse qué es lo que empuja a la persona Metal a ser así.

Para una persona Tierra, trabajar con un empleado Metal puede ser difícil. La persona Tierra se crece con el trabajo fuerte y es resistente a las personas con iniciativa más egoístas y a los individuos sin compasión. Pero el mundo tan decidido y egocéntrico de la persona Metal puede llevar a la persona Tierra, de naturaleza normalmente reservada y contenida, a entrar en un remolino inestable de autoprotección. La persona Metal puede hacer creer a la persona Tierra que hay alguien interesado por su puesto de trabajo. El Metal es ambicioso por naturaleza, convencido de llegar a lo más alto, incluso si eso significa hacer que se tambalee la solidez de la Tierra en el camino. Las personas Tierra pueden ser capaces de manejar este pequeño problema que puede aparecer en su mundo, en general pasivo, solo si se dan cuenta de que el Metal necesita una base muy fuerte desde la que crecer. Las personas Tierra, si piensan bien sus movimientos, pueden crear este ambiente ideal; siempre y cuando la Tierra se asegure de que el Metal puede subir a lo alto de la escalera de otro, serán amigos de por vida.

Las personas Tierra pueden negar su propia necesidad egocéntrica de poder. Ansían sentirse seguros más que nada, y ocupar una posición en la cima, a menudo requiere más de lo que la naturaleza emocional de la persona Tierra puede manejar. El poder trae consigo necesariamente la posibilidad de caer, y, con una persona Metal cerca, la persona Tierra puede sentirse totalmente como un pelele. Sin embargo, la Tierra también puede beneficiarse de la resistencia y dedicación que tiene el Metal hacia cualquier trabajo o causa con la que se impliquen, y una persona Metal siempre será muy valiosa en cualquier grupo o proyecto creativo que la persona Tierra tenga en mente.

Jefe Tierra/empleado Agua

La natural inclinación de una persona Tierra es vivir el aquí y el ahora, confiar en lo evidente más que en las ideas efímeras o en la intuición y las conjeturas. Cuando un jefe Tierra trabaja con una persona Agua, puede encontrarse con una forma diferente, no solo de pensar, sino también con una diferente forma de ser. El Agua es flexible; la Tierra es fija. La Tierra pide consistencia; el Agua busca activamente el cambio.

En algunos aspectos, la Tierra se puede beneficiar y aprender de la inconmensurable imaginación del Agua y de su don para la comunicación y la sensibilidad. Por su lado, el Agua también puede corresponder a la Tierra reconociendo la necesidad de la Tierra de centrarse y concentrarse en una tarea asignada, en vez de ir corriendo en otra dirección. Pero la Tierra absorbe el Agua y, en el lugar de trabajo, el jefe Tierra puede secar fácilmente la actitud informal que tiene el Agua ante la vida, tanto que el Agua pronto siente que tiene que escaparse del compromiso y la responsabilidad. El Agua prefiere comunicar, funcionar como conductor o catalizador de ideas y planes, antes que responsabilizarse de una operación que ha podido resultar un éxito. El compromiso y la dedicación no son las palabras favoritas del vocabulario de un empleado Agua; sin embargo, persuasión, ingenuidad y fugacidad sí lo son.

Para la Tierra, la persona Agua puede llegar a ser agotadora porque la Tierra siempre tiene que ir detrás del Agua terminando trabajos que se han quedado sin terminar y enfrentándose a dilemas impredecibles. El Agua, por su lado, puede cansarse de la forma de ver el trabajo que tiene la persona Tierra, muy cuidadosa y poco abierta, pero al dejarse inspirar por la sabiduría y el empuje de la persona Tierra, el Agua puede aprender mucho sobre la confianza y llegar a desarrollar una mayor concentración.

Jefe Tierra/empleado Madera

La persona Madera tiene un instinto natural para hacer que las personas Tierra se sientan bien consigo mismas. La Tierra es muy receptiva y valora a aquellos compañeros de trabajo en los que se puede confiar, que son eficientes, tranquilos y no emocionales. Las personas Tierra tienen suficientes problemas con sus propios sentimientos y, en el lugar de trabajo, prefieren la atmósfera sin complicaciones que los empleados del elemento Madera traen consigo. Sin embargo, el inconveniente de la Madera es que la Tierra tiene principios rígidos y no tiene voluntad de cambiar. En contraste, a los empleados Madera les gusta ver que las cosas cambian a su alrededor y apoyan el crecimiento, los cambios de moral, los planes de trabajo compartidos con equidad y la igualdad de los miembros del equipo, así como las reuniones que incluyen a todos los miembros de la compañía. Este sentido de igualdad y justicia universal es lo que le cuesta entender a la persona Tierra. La persona Tierra valora la justicia pero, solo en la relación de uno a uno.

Las personas Madera tienen mucho que ofrecer a las personas Tierra, porque son artistas de la diplomacia, genios que requieren poca organización. Las personas Tierra prefieren evitar los conflictos, y a las personas Madera se les convence fácilmente para responder a los métodos prácticos y bondadosos de las personas Tierra, siempre y cuando lo que hagan tenga algún valor a largo plazo o una aplicación mundial. El problema surge cuando la Madera no encuentra ninguna satisfacción trabajando con la Tierra. En ese momento, la persona Tierra representa, para la Madera, los convencionalismos y las barreras que deben ser derribadas. Las personas Madera respetan ferozmente su propia libertad y sus diferencias de los demás, y, si el jefe Tierra no acepta este rasgo individualista, ¡pueden llegar a las manos cuando se enfrenten a las pruebas excéntricas y dogmáticas que a las personas Madera les gusta poner a sus adversarios!

Jefe Tierra/empleado Fuego

Cuando la persona Tierra se ha asegurado de que ha llegado el momento de hacer planes con prudencia o de hacer una inversión inteligente, es muy probable que la persona Fuego salte con otra idea temeraria y optimista por delante de todos los demás. La persona Tierra prefiere moverse con cuidado cuando negocia acuerdos o cuando está creando nuevas fronteras o expandiendo la compañía. Pero la persona Fuego, si sigue su naturaleza, animará a la persona Tierra, con su impaciencia y urgencia características, para que ¡se ponga a ello y lo lleve a cabo! En una relación así, la persona Tierra puede empezar a resentirse por el entusiasmo interminable del Fuego por las aventuras nuevas. Las personas Fuego pueden tener talento como creadores de ideas y visiones de futuro, pero son incapaces de completar y consolidar algo una vez que la actividad inicial ha cesado. La Tierra lo sabe y puede utilizar el espíritu exuberante de la persona Fuego en áreas de trabajo que exijan pensar con antelación. Sin embargo, la persona Tierra, hábilmente, hará recaer la responsabilidad de terminar el trabajo en manos de otra persona Tierra o de un empleado del elemento Metal.

El Fuego es un excelente negociador comparado con la Tierra, que, a veces, es distante y tiene dificultades para acercarse a los demás. Las personas Fuego juegan, dicen lo que tienen en la cabeza, no tienen tacto y son apasionadas con la verdad. Esto permite que la persona Tierra pueda negociar desde atrás. Sin embargo, puede crearse rivalidad si la persona Fuego llega a tener el mismo nivel o también participa en las reuniones de la sala de juntas con la persona Tierra. Las personas Tierra tienen muchos celos de esa naturaleza tan llena de vida, y se aferrarán con tenacidad a su puesto de trabajo si el Fuego intenta alguna vez arder en llamas cerca del sagrado altar de poder de la Tierra.

Jefe Metal/empleado Metal

Las personas Metal respetan a otras personas Metal, simplemente porque conocen bien lo poderosa que es su dedicación al éxito y a la ambición. Esta relación, muy cargada emocionalmente, funciona mejor si ambas personas son suficientemente honestas como para confesarse sus ambiciones y planes en su primera reunión. ¡Si hay alguien que pueda tratar a un empleado Metal es un jefe Metal! Porque, en este caso, el choque de Metales puede ser un arma muy poderosa para ambos. El jefe Metal se mantendrá a raya, y el empleado Metal disfrutará del reto planteado por una persona de mayor rango que él mismo.

Ambos son personas solitarias y pueden crear un equipo poderoso y autónomo si saben entender que la arrogancia compulsiva del uno es tan grande como la del otro. Esto puede ser difícil para el jefe Metal en particular, ya que, probablemente, llegó a su posición actual haciendo uso de una agilidad implacable, tácticas extremistas y una planificación astuta. ¡Un empleado Metal es capaz de usar la misma estrategia! El Metal revitaliza y ambos son capaces de empujarse el uno al otro hasta el límite, hasta que uno de los dos acabe rendido y no tenga más opción que la venganza. Ambos tienen el poder de recuperarse y de no perder el sentido de la realidad de las cosas. Ninguno se frustrará ni será el perdedor. Si pudieran comprender que comparten el mismo miedo a dejar al descubierto su vulnerabilidad emocional, y que su tendencia a rendir más que lo esperado es una compensación de su soledad interior, quizá pudieran hacer su carrera profesional juntos y reflejarse el uno al otro su búsqueda por el poder y por el reconocimiento.

Jefe Metal/empleado Agua

Esta puede ser una combinación auténticamente fructífera y duradera si ambos sienten que el hecho de trabajar juntos tiene una conexión más profunda. El Metal se crece con la habilidad que tiene el Agua de adaptarse, de fluir dentro y fuera de los lugares en los que el Metal se sentiría incómodo. El Metal sabe que es importante poder ver los cambios y los matices en las cuestiones de negocios, en los juegos financieros, y sabe que es necesario arriesgarse, pero no es tan capaz de percibir la falibilidad humana. El Agua tiene la habilidad de sentir los cambios de humor, intuir los pensamientos, sentimientos e ideas de los demás y saber por dónde van las cosas. El Metal puede encontrar en el Agua a un valioso aliado en cualquier operación en la que haya un riesgo o compromiso de por medio. El Agua se une fácilmente a la corriente, mientras que para el Metal es más fácil mantener su propia corriente. Así, un jefe Metal puede confiar fácilmente en la opinión del empleado Agua sobre la bolsa o sobre cualquier proyecto innovador o creativo. El Agua también se comunica con facilidad y con prontitud, algo para lo que el Metal tiene poco tiempo y poco talento natural. El instinto de supervivencia del Metal se contagia al Agua y puede hacer que el Agua termine persiguiendo su sueño particular sin tener miedo a que salga mal por no haber planificado todo al detalle. El Metal sabe que para sobrevivir debes seguir tus instintos, y el comportamiento elusivo y a veces poco claro del Agua sirve para recordarle al Metal que ¡todo lo que va, tiene que volver!

El único problema que esta relación puede plantear es que el Agua decida ser social y dócil, y que intente convertirse en la persona que lo es todo para todos. Entonces, el Agua puede hacerse resbaladiza, poco clara y engañosa, sin saber a quién debe su lealtad. En ese momento el Metal debe elegir entre la integridad y la frivolidad. ¡Es obvio cuál elegirá el Metal!

Jefe Metal/empleado Madera

Una relación difícil que requiere tacto y diplomacia por parte de la persona Madera si quieren que salga bien. Sin embargo, la persona Madera puede golpear hábilmente en el sitio justo el ego del Metal. Aunque las personas Madera son tan egocéntricas como las Metal, tienen el don de responder a las demandas del Metal sin causar demasiada fricción, siempre y cuando sepan que es por el bien de toda la compañía, de todo el proyecto o plan o simplemente por el bien de toda la humanidad. La Madera es muy solidaria con el mundo, pero el Metal es, de todos, el elemento que con más probabilidad provocará frustración y estrés en la Madera con sus planes asertivos y ávidos. La persona Madera considerará a su jefe Metal como una persona despiadada, engañosa e inflexible, pero puede admirar el hecho de que el Metal haya llegado tan alto y reconoce su dedicación, su éxito y su poder. Si el Metal supiera apreciar, a su vez, los valores propios de la Madera, tales como la libertad personal, la objetividad y su adaptabilidad social, el jefe Metal descubriría que el empleado Madera es un buen miembro del equipo. Pero la Madera necesita trabajar en un lugar que siempre esté abierto, no en la fábrica con cintas transportadoras que le propone el Metal.

La Madera cree que el jefe Metal no tiene ninguna conciencia social. Pero lo que el Metal sí tiene es un concepto igualmente elevado sobre conducta moral y ética, aunque quizá de una forma más autónoma y serena que la Madera, siempre consciente del grupo. Los conflictos surgirán con seguridad en algún momento, cuando la Madera decida saltar y dejar a un lado las consideraciones mentales y pasar directamente a la estrategia práctica. Un jefe Metal necesita estar rodeado de una energía dinámica y entusiasta, y los métodos experimentales de la Madera quizá no se correspondan con el concepto que tiene el Metal sobre la inspiración espontánea.

Jefe Metal/empleado Fuego

El Metal se crece cuando está en el poder, y el Fuego insiste en dirigir o ser el centro de atención. Esto está bien si el jefe Metal está contento con que la audacia y el fulgor del Fuego se luzca para vender a beneficio del negocio o profesión que compartan. El Fuego puede hacer maravillas ayudando al Metal a potenciar su distinción. Al jefe Metal le puede faltar elegancia y gracia al manejar situaciones y prefiere ir directo al grano. El Fuego, si se le permite arder por pura inspiración y entusiasmo por el trabajo, puede aportar una amplitud de miras de la que el Metal a menudo carece. Ambos elementos son arrogantes y egocéntricos; las personas Fuego quieren lo mejor y creen que ellas son lo mejor; el Metal sabe qué es lo mejor y cómo lograrlo. Esta sutil diferencia sale a la luz cuando el Metal se pone en marcha para una de sus cruzadas por una causa, poniendo toda su integridad en ello. El Fuego sale solo a conseguir lo que quiere para sí mismo y solo para sí mismo.

Como empleado, el Fuego puede beneficiarse mucho al observar la habilidad del Metal para contenerse y saber cuál es el momento correcto para elegir. El Fuego a menudo se pierde por ser demasiado impulsivo y luego simplemente se encoge de hombros y busca una nueva oportunidad. Aunque el Metal nunca dejará pasar una oportunidad y puede que se ponga furioso al ver que el Fuego sigue dispuesto a asumir un riesgo más, el Metal puede iluminarse con la motivación que caracteriza al Fuego. El Metal puede ser también muy precavido ante el espíritu competitivo del Fuego, y puede emplear tácticas solapadas para asegurarse de que el Fuego no lo desbanca de su propia posición de poder. Juntos pueden estimularse mutuamente y crear suficientes retos como para trabajar bien como equipo, pero ambos deben tener cuidado con cómo hablan y con su vanidad orgullosa.

Jefe Metal/empleado Tierra

El jefe Metal puede recibir muchas satisfacciones si utiliza a una persona Tierra para sus intereses profesionales, para su empresa o para sus influencias. Los beneficios para la persona Tierra son igualmente buenos, ya que la persona Tierra tiene que sentirse seguro y sentir que se le necesita en su lugar de trabajo. El

Metal ofrece lealtad combinada con dedicación y una forma de pensar sagaz. Para la persona Tierra, sentirse valioso y comprometido con cualquier causa que el Metal tenga en mente, estimulará el apetito de la persona Tierra por el trabajo creativo y práctico.

La Tierra puede ser un apoyo muy útil cuando el Metal se siente inseguro o desafiado, y aporta una sensación de coherencia y diligencia en la vida solitaria de la persona Metal. Con la Tierra, el Metal también se siente menos vulnerable frente a la competición o frente a una persona con malas intenciones. Sabiendo que la Tierra respeta y disfruta del lujo de tener una relación de trabajo estrecha, el Metal puede ofrecerle a la Tierra más de lo que cabe esperar de un jefe aparentemente tan individualista y egocéntrico, y el amor que siente la Tierra por el aquí y el ahora aliviará la ansiedad que el Metal puede albergar sobre el futuro. En general, será un viaje en ambas direcciones hacia una relación laboral armoniosa y, normalmente, muy provechosa. A los dos les gusta hacer dinero, y no es probable que lo malgasten en especulaciones innecesarias.

Jefe Agua/empleado Agua

Aunque ambos tienen una empatía natural por el otro, esta combinación alocada dará como resultado, probablemente, que se trabaje poco y que prefieran jugar y aprovechar cualquier oportunidad para evitar enfrentarse con las cosas prácticas de la vida en el mundo.

Es más probable que las personas Agua trabajen en una industria en la que el ocio y la diversión sean el trabajo: medios de comunicación, artes, edición, viajes, relaciones públicas, todas las profesiones en las que el trabajo se puede llevar a cabo en una atmósfera social y flexible. Es muy probable encontrar a dos personas Agua juntas, ya que esta es la relación laboral menos conflictiva de las que se dan entre los elementos.

El jefe Agua puede sentirse más relajado y cómodo con un empleado Agua imaginativo y divertido cuando corresponde. Hay pocas posibilidades en este caso de que se quiten el poder el uno al otro. El Agua no es ambiciosa y prefiere disfrutar de la vida, socializar y vivir una existencia en grupo y romántica. El Agua no se pelea por ganar demasiado y probablemente prefiera el lado social de las comidas de negocios, la charla y los romances entre bambalinas que tener la actitud extravertida y enérgica de los ejecutivos. El Agua, como jefe, ve a su empleado Agua como la persona más fácil de controlar, ya que el Agua no persigue tener el control total. Supervisar significa ser responsable, saber delegar y comprometerse; ¡y todas estas cosas hacen que sea imposible escaparse y disfrutar de un largo fin de semana! Agua y Agua juntos son también compañeros agradables el uno para el otro. Son caprichosos y cambiantes, y el jefe Agua puede simpatizar con la necesidad de su empleado por ser impredecible y poco constante en su comportamiento. El Agua, más que ningún otro elemento, tiene una percepción psíquica muy desarrollada sobre las personas que están a su alrededor y,

por esta razón, puede ver en la otra persona Agua de
su entorno un espejo de sus propias ansiedades.

Jefe Agua/empleado Madera

El Jefe Agua puede parecer una persona voluble,
inquieta y cambiante para un empleado que solo sabe
ver el lado más neurótico del Agua que surge bajo presión. El talento verdadero del Agua está en la comunicación, en el pensamiento intelectual y en la seducción; todas estas características hacen que el Agua, a
menudo inconscientemente, llegue hasta la cima de su
profesión. El Agua no va en busca de poder, pero,
cuando aparecen ahí, disfrutan de la flexibilidad y la
diversión que les proporciona. Un empleado Madera
puede pensar que la persona Agua es muy adaptable,
muy sensible y oportunista, pero la Madera puede
beneficiarse del lado más amable del Agua y su prefe-
rencia por las relaciones uno a uno. Aunque la Madera
ve las cosas en conjunto, a veces le es difícil ver a los
individuos como individuos y prefieren creer que lo
que es bueno para la masa es bueno para el individuo.
Un jefe Agua puede atemperar la actitud de la Madera,
muy reformista y cuadriculada, ante la vida.

Por otro lado, el empleado Madera tiene mucho
que ofrecerle al Agua. Puede guiar al Agua para que
utilice su mente increíblemente inteligente y sus tácticas persuasivas para causas mayores y para expandirse
hacia el futuro. La Madera puede preferir quedarse en
el asiento de atrás y dirigir desde dentro del equipo o
desde bastidores, siendo consciente de las necesidades

del grupo a su manera. Pero el arte de la diplomacia que la Madera pone en marcha para los negocios y el placer le proporciona al Agua la posibilidad de escapar de la dura realidad de la presión diaria. Porque el Agua vive en el mundo de los sueños, no en los conflictos y los tejemanejes. El Agua quizá haya perfeccionado el arte de salir de las situaciones difíciles, pero luego necesita encontrar un sitio lejos del mundanal ruido por un tiempo. La visión imparcial y amplia de la Madera le permitirá al Agua dejar desatendida la mesa de su despacho, sabiendo que la Madera estará allí cuando el Agua vuelva del mundo de los sueños.

Jefe Agua/empleado Metal

El hambre que tiene el Metal por el poder puede chocar con un pasivo e impresionable jefe Agua, si este último no se ha puesto en sintonía con la psicología del Metal. Pero el Agua normalmente se las arregla para recoger las vibraciones de las personas que conocen más deprisa de lo que tardan en poner orden sus pensamientos. Si el Agua sabe que la naturaleza extrema del Metal es por el bien de la industria o de la profesión en la que trabajan, entonces el Agua tendrá el encanto persuasivo y la adaptabilidad para atraer al Metal a una trampa más elaborada. Porque el Agua es embaucadora, mientras que el Metal va directo. El Metal es conformista y le atrae el atractivo, el dinero, el poder. El Agua simplemente juega con las experiencia de la vida y puede entrar y salir con encanto de cualquier crisis profesional.

Una vez que el Agua se haya familiarizado con las maquinaciones del Metal, pueden empezar a responderse el uno al otro con franqueza y sinceridad, utilizando las diferentes cualidades de uno y otro. El Metal quiere o todo o nada en la lucha por el éxito, y le puede enseñar al Agua cómo tomar decisiones y aprovechar oportunidades sin sentirse culpable por no haber sido demasiado amable en el proceso. El Agua, por otro lado, puede poner un toque de humor y de sagacidad en cualquier ocasión, dándole al Metal la oportunidad para darse cuenta de que la vida y el trabajo no tienen por qué ser tan serios. El único problema surgirá si el Metal quiere el trabajo del Agua, pero para entonces el Agua, astutamente, ya se habrá marchado, ¡justo a tiempo!

Jefe Agua/empleado Tierra

Cuando el Agua se encuentra con una masa de tierra, tiende a filtrarse lentamente por el suelo o crecer como un maremoto y arrasar por encima. Sin embargo, el jefe Agua, probablemente, no hará ninguna de estas dos cosas cuando se enfrente a un empleado Tierra, atado a sus hábitos y siempre concentrado. El Agua puede preferir irse de la oficina antes de enfrentarse a ese lado de la persona Tierra que, simplemente, «lo sabe mejor que tú». El Agua quiere probar nuevas ideas, dar forma a sus imaginaciones y seguir moviéndose, antes de hundirse en el barro de las preocupaciones de un empleado Tierra sobre la gestión de la empresa, las cosas materiales y que todo salga bien.

Un jefe Agua rara vez se interesa por las cosas buenas o malas de cada proyecto, y prefiere dejarse inspirar por el riesgo del Fuego que por las complacencias estructuradas de la Tierra. De la misma forma, la persona Tierra cree que la irregularidad e incapacidad de compromiso con cualquier plan que tiene el Agua es algo exasperante. Trabajar para el jefe más impredecible y cambiante que han conocido nunca puede poner furiosa a la persona Tierra, que quiere estabilidad y precisión. A menos que haya unos cuantos empleados Fuego alrededor para aliviar la tensión o una fuerte personalidad Metal para mantener el Agua a raya, la persona Tierra puede quejarse demasiado a causa de los cabos sueltos, y el Agua puede escaparse y dejar que los demás se ocupen, con lo que se están dejando manipular por los demás.

Jefe Agua/empleado Fuego

El Agua debe comunicar, ya sea oralmente o en el papel, pero los comentarios a menudo sin tacto y rotundos de un empleado Fuego son suficientes para que el jefe Agua no duerma por las noches pensando cómo evitar a esta persona con tanta iniciativa y rudeza.

El Fuego quiere ser el mejor y quiere llevar las riendas. Las personas Fuego son muy ambiciosas y prefieren ir los primeros y explorar, antes que negociar e impresionar. Toda esta energía rampante y exu-

berante puede llevar al Agua a un remolino de histe-
ria y neurosis. Aunque al Agua le gusta sentirse inspirado, y el Fuego puede ayudarle a ello mejor que ningún otro elemento, el Agua no aprecia las demostra-
ciones teatrales e inmaduras del Fuego en la sala de
juntas, en la oficina o en los encuentros sociales.
Como contrapartida, el Fuego puede cansarse de la
indecisión e imprecisión del Agua e, impacientemente, negociar tratos, inversiones o fusiones sin siquiera
pedir el consejo o la aprobación del Agua. Esto puede
crear una atmósfera muy cargada y muy competitiva,
en la que el Fuego puede estar encantado, pero en la
que el Agua se sienta absolutamente rechazada. La
persona Agua, que tiende a tener épocas con la autoestima baja y que se enfrenta a un empleado al que
solo le interesa crear un futuro optimista para él
mismo, puede que termine evadiéndose porque sí.
Pero, juntos, tienen mucho que ofrecer si pueden
aprender a respetar las diferencias del otro. La forma
de hacer las cosas complaciente y con estilo que tiene
el Fuego puede hacer maravillas en cualquier situación social o reunión de grupo. El Agua es estupenda
en la comunicación uno a uno y puede enseñarle al
Fuego a brillar aún más, pero tendrá que ser teniendo
respeto y sensibilidad para con sus superiores.

Jefe Madera/empleado Madera

Dos personas del mismo elemento tienen una
empatía natural el uno por el otro. El jefe Madera
puede responder al empleado Madera como si fuera

un elemento más de la aventura empresarial que comparten con tanto éxito. La Madera puede recoger los frutos de su trabajo de una forma controlada, con objetividad y seguro de que las emociones humanas y los juegos no van a interferir en su búsqueda por la verdad y por la libertad. Los dos pueden disfrutar de la cortesía y falta de ceremonias al trabajar juntos. Porque, de todos los elementos, esta relación laboral se parece más a una asociación de iguales. El jefe Madera siempre está abierto a considerar nuevas ideas, experimentos y métodos no convencionales. Estar rodeado de empleados Madera le va a permitir al jefe Madera ofrecer la misma libertad a los que son altruistas de verdad que la que se daría a sí mismo. La Madera es consciente de las necesidades del grupo y, juntos, pueden progresar con métodos muy sofisticados y hacerse maestros en el arte de la interacción social como forma de lograr el éxito. Puede que a veces prefieran separarse el uno del otro en su relación laboral, pero uno siempre respetará la necesidad de perfección del otro. Su único problema es que pueden dejarlo todo para más tarde, y a menudo el trabajo nunca termina de despegar del suelo, aunque son personas extravertidas que van a por lo que quieren. Las personas Madera también son tan obstinadamente dogmáticas que pueden llegar a discutir sobre las cosas más básicas.

Jefe Madera/empleado Fuego

El jefe Madera, aunque parezca ambiguo, es declaradamente egoísta. Tiene estándares muy altos y fuertes valores morales y éticos que no aparecen en la superficie y pueden, en circunstancias extremas, hacer que se conviertan en poderosos luchadores por una causa. El empleado Fuego es, probablemente, uno de los pocos que le puede dar al jefe Madera el entusiasmo y la emoción necesarios para disfrutar realmente del autocontrol que hace falta para permanecer en lo más alto.

Al estar totalmente a favor del cambio y de la transformación, la Madera disfrutará con los intentos temerarios y en ocasiones avasalladores de su empleado Fuego para que las cosas sigan adelante. El Fuego concibe el progreso de forma dinámica y como una urgencia, y esto puede permitirle a la Madera el lujo de ver realmente el bosque en vez de los árboles. El Fuego también se puede beneficiar de la sabiduría serena y de la intuición de la Madera. Al enfrentarse a las, a menudo, insoportables e infantiles demandas que tiene la persona Fuego, la Madera puede separarse, por el bien del grupo, y quizá ofrecer al Fuego una oportunidad para verse desde un punto de vista diferente y menos egoísta. El Fuego se entrega a la causa, siempre y cuando haya una causa nueva a la que seguir, y la Madera siempre puede encontrar una vacante para el Fuego, simplemente porque el Fuego quema y asume que habrá una.

Jefe Madera/empleado Tierra

Aunque estos son dos elementos muy diferentes, tanto en lo que los mueve como en su forma de pensar, el empleado Tierra bien puede ver, al menos para empezar, que la naturaleza más controlada del jefe Madera es una buena opción. Los problemas surgirán cuando la Tierra empiece a llamar la atención sobre hechos y cifras, y se preocupe por diseñar una agenda de trabajo concreta y detallada a partir de los esquemas dispersos y liberales de la Madera.

La Madera sobresale en los trabajos por el bien del grupo: los temas humanitarios y de interés social son el alimento de sus ambiciones. Sin embargo, se cree en posesión de la verdad cuando se trata del cambio y no aceptará fácilmente los excéntricos métodos de la Madera con respecto a la planificación. La Tierra puede estar atada a los hábitos del trabajo de cada día, para el fastidio de la Madera, quien preferiría comunicarse con personas que se crecen con el trato informal y que necesitan tener como base una mente abierta desde la que trabajar. Las personas Tierra son estrechas de miras cuando se trata de alejarse de su propio territorio, y pueden retroceder ante lo que conciben como un comportamiento disidente. Quizá puedan aprender de sus diferencias, pero ambos son, cada uno a su manera, obstinados, y la Tierra al final puede despedirse antes de tener que seguir planes de gran altura que no significan nada para ella.

Jefe Madera/empleado Agua

El espíritu del Agua, divertido y seductor como los gitanos, puede hacer que la Madera responda con igual espontaneidad en el lugar de trabajo. Normalmente, a la Madera le gusta la compañía de aquellos que pueden expresarse de forma ordenada. Sin embargo, aunque el Agua se expande y se contrae, cambia y distorsiona muchas de sus reuniones y conversaciones fuera de toda medida, de alguna manera, la Madera disfruta de este empleado tan sagaz y vivaz. Ya que se llevan tan bien, esto puede convertirse en una amistad más que una clara relación jefe/empleado. A la Madera le encanta ver cambiar a los demás y ser testigo del progreso y del desarrollo en el mundo. El Agua es muy voluble y, así, proporciona a la Madera la salida a través de la que canalizar sus ideas y planes poco convencionales.

Bien equipada con el encanto para poder vender sus ideas a la mayoría, el Agua también puede convencerse a sí misma de que sus propios sueños se convertirán en realidad. Después de todo, son románticos. En esto, la Madera le puede dar al Agua una lección sobre el tema de engañarse a uno mismo. Aunque la Madera puede dudar cuando se trata de hacer algo de forma espontánea, siempre conoce la respuesta de las preguntas más importantes y puede predecir las consecuencias. Para el empleado Agua esta es una oportunidad para aprender que navegar de sueño en sueño no es siempre la mejor manera de lograr los más profundos deseos.

Jefe Madera/empleado Metal

En esta relación, los elementos necesitan estar muy atentos. Y esto va dirigido no tanto al Metal,

que se entrega a cualquier causa que la Madera propone en la sala de reuniones o en la oficina, sino a la
Madera, que puede estar en peligro de perder una
batalla interna con el empleado Metal. La Madera
puede no conocer, y puede que no le importen, las
ambiciones más oscuras del Metal ni sus acciones
manipuladoras. La Madera tiende a intentar ver lo
bueno de la gente antes de juzgarlos, esperando que
la persona se redima o se condene a sí misma antes
de que la Madera tenga que tomar una decisión. Pero
el Metal es astuto, desconsiderado y abusa de su
poder cuando se le presiona. El Metal quiere tener el
control, y tiene la arrogancia y la integridad para
lograrlo, incluso de forma sutil y solapada. En ese
momento es cuando la Madera debe proteger su
espalda. Las ambiciones del Metal no se paran delante de la puerta de su jefe. Cuando el Metal no está
imaginándose el poder de su futuro éxito, puede llegar a ser un excelente jugador en solitario, capaz de
atravesar cualquier crisis y entregado al sistema. Pero
las personas Metal son inflexibles y muy críticas consigo mismas y con los demás. La Madera, también, es
intolerante con respecto a cualquier falta de perfección cuando están de mal humor, y los dos elementos pueden chocar con respecto a sus puntos de vista
y su visión general de la vida más veces de lo que
sería bueno para la naturaleza libre de la Madera.

Capítulo nueve
Los elementos en pareja y como amantes

UTILIZA ESTA GUÍA para determinar cómo se combina tu elemento con el de tu pareja. La cuestión de la compatibilidad se trata aquí, por su puesto, en términos generales. Los cinco elementos del Feng Shui son una parte del sistema de la astrología china, y existen muchos otros factores que hay que considerar en tu carta natal. Esta es una guía de introducción, basada solo en tu elemento de nacimiento. Sin embargo, si te sientes muy conectado con otro elemento, consulta ese otro.

Hombre Fuego/mujer Fuego

Cuando estos dos se encuentran, pueden estimularse el uno al otro con riesgos y aventuras. El romance será la motivación de todas las actividades que compartan, y es probable que se enamoren pronto. Al igual que con cualquier doble dosis de energía del mismo elemento, tendrán una afinidad y empatía natural el uno por el otro. Sin embargo, la prueba llegará probablemente si uno se aburre y empieza a mirar hacia otro lado. El hombre Fuego siempre está a la búsqueda del amor ideal, pero es más probable que la mujer Fuego abandone la búsqueda si su hombre Fuego se queda sin la gasolina que ella necesita para mantener sus fantasías vivas.

Ambos son infantiles en extremo, así que las provocaciones exageradas, los juegos y los gestos románticos serán algo típico de su relación al principio. La mujer Fuego es tan avasalladora como el hombre Fuego, y el que haga el primer movimiento será, probablemente, el que mantenga las riendas del poder. Esta asociación puede fácilmente transformarse en una lucha de poder por descubrir quién es el más dinámico, impulsivo y dramático. Pero como ambos pueden responder con el don intuitivo de decir lo correcto en el momento justo, puede que sean capaces de vencer cualquier momento difícil cuando el otro se pone demasiado loco o atrevido.

Dos personas apasionadas juntas pueden encender mucha ira a su alrededor. Pueden llegar a enfurecer a sus amigos, familia y posibles competidores con sus métodos aparentemente sin tacto y descarados. El Fuego se pone celoso cuando lo irritan, y si hay alguien que puede provocar a una mujer Fuego para que tome un papel dominante, ese es un hombre Fuego. Pero la mujer Fuego se asegurará de que su hombre Fuego es suyo y nada más que suyo.

Las personas Fuego siempre saben adónde quieren llegar en cualquier relación. El problema es que puede que ambos quieran ir en distinta dirección, porque la independencia es algo esencial para ambos.

Aunque necesiten tener una pareja estable, el Fuego puede sentirse restringido y claustrofóbico si la relación no está en constante movimiento. Por eso es por lo que, sexualmente, necesitan tanta fantasía, imaginación e inspiración al hacer el amor. Ninguno es aficionado a las escenas emocionales, a los compromisos o a poner a la vista sus sentimientos. La suya debe ser una relación de sueños y de desenfreno, de impulsivos encuentros sexuales y llena de fantasías, y de imágenes inspiradoras de amor. Sus ímpetus les han llevado a cambiar mucho en sus relaciones sexuales, pero si pueden seguir el uno con el otro, la suya será una relación apasionada y amante de la diversión.

Mujer Fuego/hombre Tierra

Esta es una relación difícil para la mujer Fuego, en gran parte debido a que, a su hombre Tierra, le puede resultar difícil estar a la altura de la energía que hay en la vida del Fuego.

Al principio de la relación, el hombre Tierra querrá tomárselo con calma, y la mujer Fuego arrasará, entrando su vida como un fuego ardiente. Él, curiosamente atraído por algo tan irresistiblemente emocionante, puede verse envuelto en la relación antes de que su cabeza, otras veces precavida, tenga tiempo de pensarlo. Ese momento, después del asalto de pasión de la mujer Fuego, es suficiente como para atraparlo, pero para el hombre Tierra es difícil dejarse llevar por este tipo de juego agotador, mental y físicamente durante mucho tiempo. A la mujer Fuego le gusta expresarse y, a menudo, tiene poco tacto o discreción en público. El hombre Tierra prefiere guardarse sus cosas para sí mismo.

El hombre Tierra también insistirá en que él tiene razón y que sabe lo que es mejor para los dos, algo que le resultará difícil de admitir a la mujer Fuego. Su independencia y su necesidad de dominar puede ser el motivo de unas cuantas escenas desagradables por la tenacidad e inmadurez de ella. Al hombre Tierra le gusta pensar que es una persona madura, mientras que la mujer Fuego no quiere crecer. El otro motivo de conflicto puede ser el dinero. El hombre Tierra querrá manejar el dinero, pero ¡ella querrá gastárselo!

Sexualmente, puede que sean altamente compatibles. El hombre Tierra es sensual en extremo, y aunque puede cansarse de los urgentes deseos y de los infantiles juegos sexuales de la mujer Fuego, estará fascinado por la extraordinaria imaginación de ella y su estimulante compañía. El hombre Tierra puede darle un nido acogedor y seguro a la mujer Fuego si ella lo quiere de verdad. Con el apoyo silencioso de su hombre sensual, ella puede despegar rumbo a los reinos de la fantasía sin alarmar a nadie.

La sólida serenidad del hombre Tierra puede recibir y consolar el aspecto de «pequeña niña perdida» que se esconde detrás del espíritu furiosamente independiente de la mujer Fuego. Sexualmente son tan complementarios que les puede resultar difícil vivir sin la energía del otro que tanto los equilibra. Si la mujer Fuego se da cuenta de que la precaución del hombre Fuego, puede darle a ella seguridad, y si él, por su parte, reconoce que su voluntad impetuosa puede darle los placeres de una vida realmente hedonista, los dos tendrán un futuro magnífico juntos.

Hombre Fuego/mujer Tierra

Para el impaciente, dramático y avasallador hombre Fuego, una cálida y sensual mujer Tierra es un hallazgo inimaginable. ¡Y el hombre Fuego ama todo lo que es inimaginable! La mujer Tierra está buscando una relación sólida como una roca, una en la que pueda compartir sus sentimientos, sus problemas y su corazón, además de su cama. Puede que se enamore apasionadamente del hombre Fuego solo porque él es tan diferente: gracioso y optimista, el payaso de la vida y el amigo de todo el mundo. Pero la mujer Tierra querrá una exclusividad que puede coartar al hombre Fuego. Ya que requiere tener mucho sitio para respirar a gusto, él necesita poder arriesgarse si así lo quiere y sentirse inspirado por todas las cosas de la vida.

Al principio de su relación puede que estén totalmente enamorados de las aparentes diferencias del otro. ¡Los opuestos se atraen! A la mujer Tierra puede que le guste la actitud encantadora y dinámica del hombre Fuego y que se quede prendada por su forma de hacer el amor, apasionada y dinámica. Pero puede que ella también se canse de su vanidad y egocentrismo. La mujer Tierra necesita amistad, lealtad y un compromiso total. A ella le gusta meterse a fondo en el proceso del amor, en las emociones y corrientes subterráneas de la relación, no solo en el acto físico. Esto puede funcionar bien mientras que el Fuego está en la locura inicial del romance, pero ir más allá de los momentos embriagadores e irracionales del primer amor puede ser un esfuerzo agotador para el Fuego y doloroso para la Tierra.

Emocionalmente, el Fuego no puede rendirse a una mujer posesiva y, con seguridad, se resistirá al compromiso. Aun así, él arderá en deseos por sus habilidades sexuales y sensuales, y la deseará en sus fantasías y en sus sueños. Si él podrá o no encontrar un lugar en su vida para ella, y combinarlo con todo lo demás que hay en ella, es discutible.

El precio que ella tiene que pagar por su amor es garantizarle a él libertad para que pueda andar a su aire. El hombre Fuego no tiene un interés particular en una vida de familia cerrada, y no tiene la sensibilidad para comprender las necesidades más profundas de la mujer Tierra. Pero si se le aflojan las riendas, él puede volver a ella una y otra vez con amor y lealtad.

Mujer Fuego/hombre Metal

A la mujer Fuego le encanta atraer, y no tendrá muchos problemas para entusiasmar el corazón y el alma del poderosísimo hombre Metal. De hecho, para él el espíritu despreocupado y la espontaneidad de ella serán un reto positivo, porque una mujer Fuego puede provocar en él un poderoso deseo erótico. El hombre Metal es fuertemente sexual y puede que esté más interesado por la relación física que por cualquier otra cosa. Normalmente esta relación es muy sexual y tórrida. Emocionalmente, pueden agotarse el uno al otro con su intensa pasión por la vida. Porque lo que importa para el hombre Metal son las grandes verdades, las profundas confesiones y los aspectos más oscuros de la vida. La mujer Fuego quiere disfrutar y gozar de los placeres de la vida, no ser arrastrada a las profundidades del dolor y del sufrimiento, a escenas emocionales o a la melancolía. A la mujer Fuego le encanta vivir peligrosamente, sin pensar ni un momento en las consecuencias de sus acciones. El riesgo es lo que cuenta para ella, los peligros superficiales, no las profundidades. Sin embargo, para el hombre Metal lo que cuenta es el peligro que está debajo de la superficie, el dolor y los secretos de la noche, y la mujer Fuego tendrá que trabajar mucho para poder encajar bien sus frases lapidarias que penetran hasta el alma. Sin embargo, puede ser la mejor relación que ella haya tenido jamás físicamente.

Si hay una fuerte atracción entre estas dos personas, puede llegar a ser permanente si ambos aprenden a dar al otro suficiente espacio para sus propias necesidades. El Metal es tremendamente autónomo, mientras que el Fuego es muy exigente y necesita ser el centro de atención. Para él siempre es o todo o nada, un hombre muy erótico y hambriento de poder. Ella es dinámica, arrogante y, a menudo, avasalladora. Los dos son decididos y tienen mucha conciencia de sí mismos. Para que el Metal y el Fuego se puedan fundir en una relación unida y duradera, deben aprender a ser conscientes de su necesidad mutua de dominación.

Si se trata con cuidado, esta puede ser una relación emocionante y con muchos momentos extremos, pero esta intensidad tiene que ser reconocida conscientemente y tiene que expresarse. La mujer Fuego siempre está defendiendo sus propios intereses y no le gusta que la dominen ni ser sumisa. El Metal, al enfrentarse con la pasión por la vida y la extravagancia de la mujer Fuego, puede que sienta que no domina la situación. Sin tener ese poder, él puede llegar a destruir la intimidad de los dos tan rápido como la consiguieron. Sin embargo, si él es capaz de expresar sus propias necesidades de verdad y, al mismo tiempo, reconocer las de ella, la suya puede ser una relación muy cautivadora.

Hombre Fuego/mujer Metal

La naturaleza misteriosa e intangible de la mujer Metal es, sin duda, lo primero que atraerá a un hombre Fuego. Un romance con una mujer tan misteriosa y a la vez tan llena de erotismo puede ser lo más emocionante que le ha ocurrido en la vida. Igualmente, ella puede que encuentre irresistible su ardiente pasión, y él responderá a sus mensajes oscuros y llenos de erotismo con la excitación propia del Fuego. Al igual que la combinación de hombre Metal con mujer Fuego, esta es una relación que pulsa con pasión sexual y las luchas de poder que conlleva. Al principio, el hombre Fuego puede pensar que este es el amor de su vida, pero luego, a medida que la relación se desarrolla, puede que empiece a dudarlo.

El hombre Fuego cree que es el único hombre capaz de atraer a este tipo de mujer. Sin embargo, al hacerlo, puede que sea atrapado porque ella querrá un mayor compromiso, cosa que es incompatible con el independiente ego del hombre Fuego. La mujer Metal siempre está pendiente de sus propios deseos, y su concepto implacable de un amor que sea o todo o nada puede resultar una prueba demasiado restrictiva. Ella, que es capaz de hacer grandes sacrificios para mantenerlo en su territorio, también puede ser muy negativa, tanto para ella como para la relación, si no obtiene lo que ella quiere. Sus periodos de melancolía pueden volverle loco a él, porque este hombre vive para divertirse y disfrutar. De la misma forma, ella puede llegar a cansarse del poco tacto y de la rudeza de las suposiciones y de los exagerados juicios de él, y de que se pase más tiempo acicalándose frente al espejo y hablando por teléfono con sus amigos que escuchando los planes que ella tiene para el futuro.

Por otro lado, la mujer Metal admira a las personas con iniciativa. Le encanta su dinamismo, su habilidad de decir exactamente lo que piensan y su forma de hacer el amor elegante y exuberante. Sexualmente, pueden hacer maravillas el uno por el otro, aunque sus necesidades internas son muy diferentes. Por fuera parece que comparten las mismas ambiciones y la misma necesidad de tener éxito en lo personal, pero la mujer Metal no tiene problemas para manipular las cosas y diversificarse para conseguir sus propios objetivos. El hombre Fuego puede ser el más leal de las parejas, pero es igualmente probable que se enamore de otra persona en un nuevo momento de pasión impetuosa y acalorada.

Mujer Fuego/hombre Agua

La mujer Fuego suele saber adónde va porque concibe la vida como una aventura. Cuando se encuentra con un hombre Agua, la combinación de sus contradictorias naturalezas puede ser demasiado abrumadora. La corriente de energía entre ellos tal vez no sea fácil al principio, pero la tensión puede muy bien dar buenos resultados si juegan bien sus fichas. La mujer Fuego querrá llevar las riendas y atraerá al impresionable y sensible hombre Agua a sus brazos tan rápido como pueda. El hombre Agua, por supuesto, estará interesado por su cuerpo, pero puede preferir entretenerse un poco, fascinado con todo lo que está pasando por la cabeza, preciosa y apasionada, de esa mujer. Puede que para él sea muy refrescante la manera que ella tiene de ver la vida, de forma directa y llevando el control. Encantado con el cambio y con el vaivén de energía, unas veces suave y otras dinámica, la mujer Fuego, sin duda, puede ponerle delante suficientes retos como para mantenerlo entretenido, y él querrá superarlos todos.

Su principal problema es que la mujer Fuego puede tener la tentación de querer mejorar a su hombre Agua. Por naturaleza, ella necesita llevar las riendas, activar e iniciar acciones que el hombre Agua preferiría evitar. Aunque él necesita estimulación intelectual, comunicación y amor, no le entusiasma la idea de ser arrastrado a un ritmo que no puede disfrutar. El Agua va con la corriente, pero si la corriente se hace demasiado rápida y violenta, él escapará hacia aguas más tranquilas por un tiempo.

Quizá ella tenga que aceptar que él siempre preferirá escuchar a los amigos de ella hablando sobre sus novedades amorosas que mirar sus preciosos ojos toda la noche. Ella es celosa, él no lo es. Ella quiere estar en primer plano, ser el centro de atención, mientras que él prefiere coquetear y reírse con todas las chicas. No quiere decir que él sea promiscuo, simplemente le encanta empaparse de la atmósfera que tiene a su alrededor. La naturaleza del Agua implica que habrá momentos en los que el espíritu poderoso y la naturaleza exigente del Fuego, le hagan retirarse. La suya puede ser una relación sexualmente exótica, siempre y cuando la mujer Fuego acepte que los intereses del Agua incluyen la mente, el alma y el corazón tanto como el cuerpo, y que en el amor es importante ser consciente de las necesidades del otro.

Hombre Fuego/mujer Agua

A pesar de todas las increíbles incongruencias (de hecho, puede ser incluso debido a ellas), estas dos personas son normalmente irresistibles el uno para el otro. La mujer Agua es una animal social, y es muy probable que a menudo se encuentre con un hombre Fuego a lo largo de su vida, siempre cambiante. Quizá ella sea incluso la que haga el primer movimiento, ya que es conocido su encanto persuasor, especialmente cuando se deslumbra con la urgencia apasionada de un hombre Fuego. Él, por supuesto, estará fascinado por su naturaleza cambiante e impredecible, y juntos pueden ver todo lo que hacen como una aventura romántica. Sin embargo, la frustración y la irritación pueden aumentar en él cuando parezca que los deseos inconsistentes, los cambios de humor y sentimientos caprichosos de ella se centran en todo el mundo menos en él. El ego del hombre Fuego necesita que le saquen brillo, más que ningún otro elemento (si no todo el tiempo, a menudo), y las mujeres Agua ¡no pueden andar sacando brillo a nada!

La mujer Agua sabe escuchar muy bien, y puede pasarse la tarde ayudando a sus amigos a entender sus problemas o cotilleando con el novio de su hermana por teléfono. Por desgracia, el Fuego siente celos de la capacidad de la mujer Agua de darse a sí misma y su tiempo libremente a los demás, ya sean hombre o mujer. A ella le gusta coquetear cuando quiere, y si el hombre Fuego es demasiado posesivo o tiene poco tacto, ella puede escaparse a los brazos de un amante menos dominante y menos absorbido en sí mismo.

Cuando trabajan juntos, trabajan bien. Sexualmente, son una potente combinación, y la forma apasionada de hacer el amor del Fuego puede inspirar y liberar a la mujer Agua de cualquier complejo sexual. Ninguno de estos elementos está interesado en dar grandes muestras de emoción. El Agua tiene sentimientos muy profundos que prefiere no revelarse a sí misma, y mucho menos a su amante; el Fuego, simplemente, no tiene tiempo para reconocer que los tiene. Lo triste es que ambos son vulnerables y se niegan a admitirlo ante el otro. Sin embargo, para su felicidad, su forma infantil de concebir la diversión puede ayudarles a atravesar largas noches. Compartirán encuentros secretos, experiencias sexuales mientras viajan o en momentos impulsivos, con la delicia de dos almas que saben sacar lo mejor del otro, si se pusieran a ello. Quizá el Fuego lo haga, pero ¿y el Agua?

Mujer Fuego/hombre Madera

Es sabido que el hombre Madera, a pesar de su atractivo distante y sus altos ideales, ha sido pervertido por la obstinada y persistente mujer Fuego, quizá la única mujer capaz de hacerlo. Esta es una combinación que funciona bien, y si la mujer Fuego es paciente (lo que no es fácil para ella, pero vale la pena), ella se verá recompensada con un amante maravilloso y un compañero libre de espíritu, con experiencia en la vida y no dominante. El hombre Madera quizá posponga mientras pueda tener una relación con la mujer Fuego. No es que no se sienta atraído por su gracia, pasión y audacia, pero él quiere estar seguro primero de que son capaces de ser amigos.

Una relación sexual corta e intensa no es una prioridad para el mental hombre Madera. Después de todo, es un perfeccionista, lo que significa que necesita tiempo, analizar y ver todas las razones posibles antes de que pueda saltar sobre las llamas. Para la mujer Fuego, este hombre parece el hombre ideal. Él es un amante de la libertad, distante y con encanto. Sí, ella necesita un romance, pero también adora su cerebro, le entusiasma su ego (porque, después de todo, ella también tiene uno muy grande), le encanta su actitud distante (porque así él no la posee) y le intriga su creencia de que la vida es exactamente lo que tú haces de ella. Él tiene muchas expectativas y ella también. Él rompe las reglas a propósito y conscientemente; ella lo hace sin darse ni cuenta de que había reglas que romper.

Su único problema surge cuando la mujer Fuego decide enamorarse totalmente de su perfecto hombre Madera. Ella tiene que entender que él ama el mundo, no solo a ella, y que sus amigos y su vida social son más importantes que cualquier asunto amoroso. La mujer Fuego es capaz de aceptar esto en la mayoría de los casos, pero le puede resultar frustrante aceptar que ella no es más especial que los demás. Ella debe aceptar que ella misma tiene miedo a las relaciones muy íntimas, que evita el compromiso y que nunca hace promesas. Si puede hacer todo eso, entonces existe la posibilidad de tener una relación que sea un éxito, aunque será especialmente libre y poco convencional.

Sexualmente, puede que ella sienta cómo la frialdad de él empieza a derretirse bajo las sábanas. Puede que él no sea el compañero más abierto y apasionado, pero tiene imaginación en la cama. El hombre Madera se ha trabajado el arte de hacer el amor y le encantará el impulso que tiene la mujer Fuego para ponerse en acción en cualquier momento. A ninguno les interesan las escenas emocionales y prefieren vivir la vida y disfrutar del momento, aunque puede que la mujer Fuego se pregunte en secreto qué vendrá luego o incluso (si se atreve a pensarlo) qué vendrá mañana.

Hombre Fuego/mujer Madera

La franqueza y la honestidad son, probablemente, las cualidades que atrajeron a estos dos elementos y que les facilita tener una comunicación cómoda y animada. Cuando empiezan a darse cuenta de que comparten una necesidad mutua de independencia y libertad, se pueden acercar un poco más, seguros de que ninguno de los dos se pondrá demasiado emocional. Sin embargo, el hombre Fuego es impaciente y, a menudo, su primer interés es el sexual (¡todo eso de la amistad puede venir después!). En contraste, la mujer Madera prefiere encontrar una pareja que pueda respetar como compañero y buen amigo primero, y luego como amante.

A pesar de todas sus evasivas, la mujer Madera busca lo poco convencional, y este hombre la tendrá fascinada durante más tiempo de lo que ella pensaba, con sus excitantes y experimentales requerimientos sexuales. Pero el Fuego es, en realidad, bastante a la antigua en lo que se refiere a las aventuras amorosas, y puede que insista en llevar las riendas, y elegir la ocasión, el ambiente y marcar el ritmo. La mujer Madera, por otro lado, prefiere algo informal y evitar convencionalismos.

La mujer Madera desafía las normas, y si el hombre Fuego empieza a dominar, esperando que ella se comporte de una manera determinada, ella puede rebelarse al instante. Sin embargo, aunque puedan entenderse bien sexual o mentalmente, la Madera es una idealista y puede que todavía piense que su compañero perfecto está esperándola a la vuelta de la esquina. El Fuego asume que es perfecto y solo mira hacia dentro, a sí mismo; mientras que la mujer Madera tiene dificultades para decidir qué quiere decir realmente eso de la perfección y mira hacia fuera, a todo el mundo, buscando respuestas.

Esta diferencia fundamental implica que el Fuego puede perder la paciencia rápidamente si las evasivas de la Madera continúan por mucho tiempo. Mientras que el Fuego quiere resultados ahora, la Madera necesita tiempo para pensar en las consecuencias. Si aprenden a llegar a un arreglo (el Fuego recordando que el mundo también existe más allá de sí mismo, y la Madera aceptando que el placer intelectual no es necesariamente el único en la vida), entonces pueden compartir una relación positiva, basada en la libertad, la confianza y el optimismo.

Mujer Tierra/hombre Tierra

Esta pareja tiene una empatía natural entre sí. Su entrega a la sensualidad es algo que descubrirán poco después de su primer encuentro. Sin embargo, luego les puede llevar muchísimo tiempo acercarse un poco más. A la persona Tierra, reservada y cautelosa, no le gusta perseguir a nadie y prefiere que el otro se le acerque. Esto implica que este cortejo puede llevar más tiempo que la mayoría de las relaciones. Pero a ninguno de los dos le importará; ese ritmo y esa calma les va más que meterse deprisa debajo de las sábanas.

Las personas Tierra necesitan sentirse seguras y alimentadas por su pareja antes incluso de pensar en un compromiso más regular. El problema es que una vez que se sienten atados, también se pueden poner emotivos, posesivos e increíblemente celosos.

Desde fuera, el erotismo de esta pareja puede parecer tremendamente intenso. Pero para dos personas que tienen a la Tierra como su elemento dominante, no hay muchas dudas en su mente, o en su cuerpo, de que la unión física y la sensualidad mutua son primordiales. Al principio, sus comunicaciones pueden ser escasas, salpicadas de intentos de defender que tienen razón hasta que uno de ellos deja caer su máscara y se relaja. Las personas Tierra son capaces de establecer cualquier relación que quieran y comprometerse de verdad cuando están seguros de sus sentimientos el uno por el otro. Los dos están en conexión con las necesidades del otro, y sexualmente pueden descubrir gratificaciones instantáneas. Saben convertir el acto sexual en una experiencia plena porque conocen qué es lo mejor para ellos mismos, y ¡sabrán lo que es mejor para su pareja también!

Los enfados egoístas pueden surgir ocasionalmente cuando deciden no comunicarse, porque los dos son tercos y no admiten fácilmente que están equivocados. Juntos, son igualmente posesivos con respecto al dinero. La mayoría de las parejas Tierra son prácticas. Ahorran, construyen casas, trabajan para progresar y por la riqueza material. Sin embargo, si la mujer Tierra se enamora de una preciosa pero cara obra de arte, puede provocar que el hombre Tierra, tan aferrado a los hábitos, se enfade diciendo que nunca deben gastarse el dinero.

Amor es una palabra difícil para una pareja de personas Tierra. No es necesariamente sexo, pero cuando tienen relaciones sexuales normalmente hay amor por medio. La imaginación, la espontaneidad o el riesgo no forman parte de su manera de hacer el amor, así que a menudo se contienen prefiriendo disfrutar con lo que conocen sin caer en la tentación de probar algo nuevo. El cambio es algo inaceptable en una pareja Tierra, por lo que a menudo esta es la más estable y duradera de las relaciones.

Mujer Tierra/hombre Metal

Esta es una relación muy volátil y erótica, siempre y cuando la mujer Tierra esté preparada para tener una experiencia profundamente conmovedora. Ella es la más sensual de todos los elementos y puede seducir al hombre Metal sin mucha dificultad. Para estos dos elementos es normal sentir una atracción sexual instantánea. Esta química pone en funcionamiento una poderosa urgencia sin fronteras, en la que el amor y el odio se funden en una relación muy sexual. Las personas Metal tienen la reputación de ser muy sexuales y magnéticas, pero solo porque se toman el sexo y su propia integridad con mucha seriedad. El amor y el sexo son parte del misterio de la vida, y el hombre Metal siempre se dejará fascinar por una mujer enigmática. La mujer Tierra tiene que darse cuenta de que, si se entrega a este hombre, tendrá que entregar todo su ser. Una entrega que, en el fondo, le gustará.

Esta relación funciona bien si la mujer Tierra está preparada para expresar sus propias necesidades, que son sensuales y, a menudo, muy emocionales. Sin embargo, el hombre Metal puede no querer compartir sus sentimientos profundos, aunque será consciente, de forma intuitiva, de las necesidades de ella. Él desea entrar en la mente y en el alma de ella, cosa que a ella puede llegar a enervarla. La mujer Tierra tiene temperamento, y el hombre Metal le puede dar aliciente con más rapidez que cualquier otro elemento. Pueden pelearse hasta llegar a la cama o pelearse hasta que ella se va. Pero normalmente ella vuelve. Su fuerte determinación es tan poderosa como la de él, y juntos pueden hacer una formidable pareja en cualquier asociación, empresa, amistad o matrimonio, y también solo como amantes. Si el hombre Metal puede tomarse la molestia de mirar a su propio corazón para ver sus verdaderos motivos y su vulnerabilidad (al igual que lo hace con tanta curiosidad por su mujer Tierra), entonces él puede llegar a descubrir que ella tiene la llave de su felicidad. El hombre Metal necesita a alguien que esté en consonancia con su deseo de éxito, atractivo y distinción. La mujer Tierra puede preferir este tipo de relación a otra más errática e impredecible.

La mujer Tierra tiene que sentirse segura, y el hombre Metal le ofrecerá estabilidad financiera y lealtad. Su reto más importante es que la mujer Tierra es una sentimental, algo que el Metal no es en absoluto. Aunque ella puede demostrar su afecto verdadero y su amor, y pedirlo también para ella, el hombre Metal preferirá que nada se acerque demasiado a su corazón. La contención de sentimientos de este hombre hace que la ternura normal en ella se haga más distante, aunque el hombre Metal posee un gran magnetismo sexual y mucho carisma. Si el hombre Metal reconoce las necesidades de la mujer Tierra, esta relación puede ofrecerles un compromiso mutuo y amistad, juntos con la seguridad que ambos buscan.

Hombre Tierra/mujer Metal

La gran ambición de la mujer Metal se equipara con su entusiasmo cuando se trata de relaciones. Puede llegar a lo más alto en cualquier profesión, pero también con el mismo fanatismo buscará al compañero perfecto y al alma gemela con quien compartir la cumbre de su solitaria montaña. En su primer encuentro, el hombre Tierra parece tener todos los papeles necesarios para asegurarse un buen viaje hasta la cumbre particular de esta mujer.

La mujer Metal es tan sagaz y paciente como el hombre Tierra. Puede que le lleve un tiempo sacar a la luz su actitud de «todo o nada», pero cuando lo hace, el hombre Tierra no sabrá qué es lo que ella le ha dado. Al principio, dominado por el encanto, la sabiduría y la magnética sexualidad de ella, puede llegar a ser muy celoso (muy propio de la Tierra) si ella tan siquiera habla con alguien. A la mujer Metal no le gusta coquetear, pero le gusta brillar en la multitud. Una vez que han pasado los primeros encuentros, que suelen ser extraños porque a ambos les es difícil comunicarse abiertamente, pueden llegar a descubrir que tienen intenciones similares en el amor, el sexo y en la vida en general.

Sin embargo, el hombre Tierra está sin duda más interesado por los placeres de la carne que la mujer Metal. Mientras que para ella el sexo es la expresión profunda del compromiso y del sentido de la vida, para la Tierra es algo tan necesario y placentero como su comida favorita. La sensualidad es lo que eleva al hombre Tierra, pero para la mujer Metal, el sexo significa poder y otras cosas importantes de la vida. La posición y el prestigio, el amor y el honor, van mano a mano. Ella necesita que la valoren y valorar lo que tiene cerca, siempre y cuando no se acerquen demasiado a su vulnerable corazón.

Para la mujer Metal, la Tierra es un excelente elemento estabilizador, y ambos son prácticos y autosuficientes. Si deciden crear una relación permanente, la mujer Metal insistirá en llevar las riendas. Al hombre Tierra puede divertirle esto porque, secretamente, le gusta. Aunque no tiene apegos sentimentales, debajo

de su apariencia fría ella será un suave refugio para las
quejas vehementes del testarudo hombre Tierra. El
astuto silencio de ella puede transformarlo en el más
considerado y sensato amante y pareja, alguien que la
pueda apoyar en su camino hacia el éxito.

Mujer Tierra/hombre Agua

Cuando estas dos personas se encuentran, segu-
ramente el hombre Agua se sentirá atraído por la
sensualidad de esta mujer tremendamente seductora.
Y, desde el principio, a la mujer Tierra le entusias-
marán las expresiones y la conversación de este
hombre siempre cambiante y muy intuitivo.

El Agua es un romántico que no tiene ni tiempo ni ganas de pensar o de planificar sobre el futuro.
Si embargo, la mujer Tierra puede haberse comprometido ya, en su cabeza al menos, a pasar los viernes
por la noche con este hombre, riendo y charlando
en la mesa del restaurante.

A la Tierra le encanta dar, y esta mujer es aten-
ta, cariñosa, amable y generosa y espera algo a cambio. Pero al Agua le gusta vivir cerca del precipicio;
los compromisos y la atención a las necesidades de
los demás les hacen sentir claustrofobia. Para el hombre Agua, la necesidad que tiene la mujer Tierra de
recibir una respuesta inmediata no es fácil de asimilar. Por su parte, la mujer Tierra puede sentirse ame-
nazada al verlo con sus amigas, riendo, coqueteando
y haciendo gala de su conversación inteligente, pare-
ciendo que ignora su relación. Lejos de estar inten-

tando que se sienta celosa, el Agua simplemente necesita tener una vida muy social y comunicativa. No está interesado particularmente en las aventuras sexuales, pero la mujer Tierra puede verlo así. El hombre Agua se crea su propio horario y sus amistades, y si la mujer Tierra intenta adaptarlo a las de ella, él puede escapar rápidamente. La mujer Tierra necesita ser amada de verdad, con garantías de pasión, algo que el Agua no es capaz de darle.

La característica que tienen en común es su valentía. La mujer Tierra tiene la fuerza suficiente como para aguantar a un hombre tan indiferente y cambiante en su vida, y él tiene la capacidad de cambiar su apariencia las veces que haga falta para llegar a agradarla. Al final, sin embargo, ella puede llegar a ser demasiado posesiva para él. Está en la naturaleza de esta mujer ser posesiva, pero también está en la naturaleza más escurridiza del Agua tratar de evitar esa palabra por completo.

Hombre Tierra/mujer Agua

Los hombres Tierra a menudo se enamoran de mujeres Agua con más rapidez que ningún otro elemento, simplemente porque ellas les presentan muchos misterios inexplicables. El primer problema entre estas dos personas surge porque tienen actitudes muy distintas ante la vida. La mujer Agua necesita el cambio constante, persuadir y seducir. Lo que importa para ella es fluir por la vida y divertirse en el proceso. También está muy alerta de las necesidades de los demás, siempre lista para escuchar y ofrecer consejo. Se deja empapar por la energía de las demás personas en una habitación, y así puede representar cualquier papel y ser cualquier persona para el que la conoce. Ella es como un espejo para sus amigos, y, aun así, rara vez muestra de verdad quién es.

Para el hombre Tierra esto es un reto y, a la vez, algo difícil de captar. La Tierra se siente atraída por el Agua solo porque ella es escurridiza, lista e ingeniosa. Él puede bajar en picado y llevársela a una nube romántica durante un tiempo, pero cuando ella empieza a sentir las cadenas de la posesión en sus tobillos, se liberará tan pronto como pueda. El hombre Tierra quiere que su pareja lo adore en cuerpo, mente y espíritu (pero especialmente en cuerpo). La mujer Agua no es particularmente sensual. Sí, le encanta el sexo, pero le gustan los juegos, las palabras y el romance más que el realismo de la Tierra, y con certeza ella no se dedicará en cuerpo y alma al cuerpo de él. ¡Solo se dedicará totalmente a cambiarlo! Cualquier mención de permanencia puede hacerla salir corriendo, porque el Agua prefiere no tener el compromiso de arraigarse; no importa lo mucho que ella necesita aprender que también tiene raíces.

Mujer Tierra/hombre Madera

La mujer Tierra puede retraerse hacia sí misma cuando percibe el aire de madurez distante del hombre Madera. Las posibilidades de que estas dos personas se junten no son muchas, pero pueden sentir una extraordinaria atracción magnética por sus naturalezas tan opuestas. La Madera quiere libertad y no es convencional, mientras que la Tierra prefiere el compromiso y lo convencional. Para él va absolutamente en contra de su naturaleza disfrutar de una relación con una mujer tan sensual y terrestre. Para la Madera es muy difícil entenderse con una mujer Tierra que le acaba de ofrecer hacer la cena en casa de él una noche. Este hombre pone una gran distancia entre él mismo y cualquier posible relación romántica, y estas dos personas están también muy lejos en cuestión de sus necesidades físicas y sus valores personales. Ella es Tierra: táctil, busca el placer, es emocional, necesita que la nutran y nutrir ella con su sensualidad y también necesita que la protejan. Él es el poco convencional amigo Madera, que prefiere primero examinar tu biblioteca, tu pasado, analizar tus razones y luego, quizá, llegar hasta tu cama o enamorarse. Al contrario que la mujer Tierra, el hombre Madera necesita poco contacto físico. La intimidad para la Madera significa una conversación en grupo o un seminario de un día, no el abrazo profundamente emocional de la mujer Tierra. Algunos hombres Madera han desarrollado una reacción alérgica instantánea al gato, el apartamento o al desodorante de una mujer, solo para evitar implicarse más en la relación. La Madera quiere vivir solo con un millón de amigos y un millón de planes, antes que estar con una mujer que pone límites a su amistad definiéndola como NOSOTROS, o MI novio/pareja/amante. Un hombre Madera solitario es mucho más feliz que el que se encuentra limitado.

La mujer Tierra necesita un compañero que comparta su amor por la intimidad en pareja, y este hombre puede tener una gran dificultad para darle ese placer. Si se enamoran, puede ser una relación corta pero muy física. Sus posibilidades de una larga relación dependerán de la tolerancia y devoción de la Tierra con respecto a las anárquicas necesidades de su relación con la Madera.

Hombre Tierra/mujer Madera

La mujer Madera quiere reformar, perfeccionar y, a la vez, mantener su libertad. Cuando conoce a un hombre cuyo elemento dominante es la Tierra, ella quizá se encuentre defendiéndose ante la actitud de superioridad de este hombre tan seductor. Sin embargo, ella, con su carácter fuerte, permanecerá serena, distante y equilibrada. Esto le dará tiempo a ella para asimilar todo con respecto a él y, normalmente, ella tendrá la cortesía y la diplomacia de alejarse de la relación antes de que se haga demasiado difícil. Al cruzarse con un hombre tan testarudo, ella puede sentir la tentación de querer cambiarlo; cambiar su rutina, sus patrones de comportamiento y su estilo de vida. Pero ella no tendrá mucho éxito. Si estas dos personas se llevan bien, será porque el reto de reconciliar dos puntos de vista tan conflictivos les resultará irresistible.

Aunque el reto no es algo que estimule especialmente a un hombre Tierra, él puede pensar que sabe lo que es mejor para esta mujer tan distante y controlada, y esperará mientras pueda antes de que, finalmente, él se acerque a ella. Esto ocurre, normalmente, en una conversación en grupo o en el trabajo, en una atmósfera relajada e informal, donde la mujer Madera se siente muy a gusto. La intimidad de las relaciones románticas no es para ella, a menos que primero haya una verdadera amistad. El principal problema para el hombre Tierra es que, aunque la mujer Madera admirará la forma directa con la que él se enfrenta a la vida, a ella no le gustará tanto el lado posesivo, convencional y presuntuoso de él.

La mujer Madera podría tener una relación fácil con él si está preparada para recoger los trozos rotos tras sus muchas peleas por cabezonería. Los dos son obstinados, pero de diferente forma. El hombre Tierra, convencido de que está en lo cierto, se niega a cambiar de opinión, y la mujer Madera querrá clasificarlo todo y se negará a aceptar las opiniones de nadie solo por el gusto de ser diferente y difícil. Las personas Madera saben que no son convencionales y juegan con ello. Para el hombre Tierra, con la importancia que da a la coherencia tanto en el amor como en las relaciones sociales, esta puede ser la prueba más difícil. La Mujer Madera prefiere visitar a sus amigos, hombres y mujeres, cuando quiere. Abierta y con buena capacidad para expresarse, ella necesita una gran amistad con el mundo, no un encuentro cerrado como la Tierra, aunque los dos pueden disfrutar el uno del otro por un tiempo.

Sexualmente, la Madera prefiere experimentar con las cuestiones físicas y combinarlo con la esti-

mulación intelectual. A ella le aterroriza acercarse
demasiado emocionalmente, aunque sus habilidades
seductoras son tan juguetonas como las de él.
Aunque la Tierra quiere dar y recibir, la Madera no
revelará sus sentimientos a nadie, y menos a sí
misma. A pesar de los conflictos, esta pareja se negará obstinadamente a abandonar su batalla mutua,
¡porque sí!

Mujer metal/hombre Metal

Esta puede llegar a ser una relación de alto voltaje y muy erótica. Al igual que otras parejas del
mismo elemento, estas dos personas tienen una
antena incorporada que les hace comprender la
forma de expresarse y los sentimientos escondidos
del otro. El Metal es el elemento que activa la
intensidad y la decisión. Cuando estas dos poderosas
personas se encuentran, puede que se odien al principio, porque conocen exactamente las tórridas
intenciones que merodean dentro del otro. Pero al
mismo tiempo sentirán una atracción muy magnética y sabrán percibir intuitivamente el profundo
dolor y la vulnerabilidad que se esconden tras su
apariencia distante.

Los dos son ambiguos, pero ambos quieren
descubrir el misterio del otro. La química sexual
entre ellos puede ser tan poderosa que no tienen
tiempo de profundizar o adivinar el lado oscuro
del otro, pero siempre estarán con la guardia
levantada, observando y esperando que caiga la

espada. Su relación puede ser un concurso de egos, que encuentran un poco de calma en su compulsiva forma de hacer el amor; egos que se manifiestan en cualquier acción que llevan a cabo juntos. Esta pareja, y esto es algo a tener en cuenta, puede impresionar a los amigos, irritar a los extraños, y generalmente serán esas personas silenciosas en la fiesta (provocativas y que consiguen lo que quieren).

Pero tienen problemas con su propia necesidad de independencia y su insaciable sed de poder. Si ninguno de los dos está dispuesto a ser más flexible, puede surgir el resentimiento, la venganza y la manipulación. Debido a su secretismo y a su miedo a la intimidad, el dolor y la melancolía pueden florecer en sus corazones solitarios. Es menos probable que la mujer Metal esconda sus verdaderos sentimientos que el hombre Metal, pero ella puede ser muy crítica y juzgarlo todo, dejándole a él sintiéndose traicionado e impotente, las emociones que menos le gustan. Esta es una relación seria, cargada de emociones reprimidas, pero fuerte y poderosa debido a su naturaleza provocadora. Juntos, dos solitarios pueden construir una pareja poderosa, especialmente si entre sus planes hay una empresa en conjunto o una iniciativa potencialmente buena. Entonces, puede que disfruten de los juegos de poder. Pero ambos son capaces de destruir la relación con solo mostrar su espada de acero si la situación se pone demasiado peligrosa. En tal caso, será el momento de afilar sus llamativas espadas para una nueva matanza.

Mujer Metal/hombre Agua

Entre las bromas que le gustan al hombre Agua no están las escenas emocionales virulentas y los actos apasionados de la mujer Metal. Ella puede beneficiarse de la imaginación y docilidad de la mente del hombre Agua, pero la intolerancia de ella lo alejará antes de que tengan ocasión de tan siquiera conectar bien entre ellos. La comunicación es una prioridad para el hombre Agua. Él se da cuenta de los cambios de humor y de la atmósfera que hay a su alrededor, y a menudo se dejará llevar por las elecciones de otros y por los hábitos antes de seguir su propio criterio. La mujer Metal, sin embargo, puede llegar a reconocer los cambios de humor de su alrededor, pero no permitirá que esto la aleje de sus intenciones.

Cuando se conocen, la mujer Metal estará embelesada con este hombre de corazón ligero e impredecible que entra y sale de su vida. Le gustará la naturaleza social y su facilidad para divertir y socializar, su necesidad de divertir y de divertirse. Su umbral de aburrimiento es muy bajo, y puede que ella intente atraerlo con ambiciones seductoras y planes productivos que, en su mayoría, son sobre al futuro de ella. Para él, ella está demasiado absorta en su propio mundo, secreto, melancólico y, a veces, desesperadamente independiente.

Al hombre Agua todo esto puede parecerle bien porque significa que puede seguir con su actitud libre y no estar atado a ningún plan para el siguiente fin de semana o incluso para esa noche. El hombre Agua sabrá sacar a la superficie la profunda intensidad sexual de ella. Pero bucear hasta el fondo del océano en busca de perlas sexuales no es para él. Él prefiere vivir más cerca de la superficie; es como una sirena, que necesita respirar aire puro, más que un buceador de profundidades.

Su principal problema es que cuando él empieza a conocer a la mujer Metal un poco mejor y escucha sus recuerdos conmovedores toda la noche, aunque él será sensible a su fragilidad escondida, puede empezar a descubrir su búsqueda, intensa y seria, por el poder. Para el caprichoso pero modesto hombre Agua, esta mujer puede ser demasiado.

El Agua puede aprender mucho de la integridad de ella, pero él no entrará en juegos de poder. Ella, por otro lado, se puede cansar de sus excusas, de su actitud no comprometida con su relación y de los intentos descuidados de engañarla. Lejos de tener intención de herir, precisamente por no herirla, puede que él cuente algunas mentirijillas: como que debe irse a visitar a su madre ese fin de semana cuando la verdad es que se ha ido al bar con los compañeros de su antiguo trabajo. Si los poderes de observación de la mujer Metal están alerta, exigirá a este hombre o todo o nada. Él puede tener que elegir entre una vida de frivolidad o una mujer poderosa. Pero para el Agua no hay blanco y negro en la vida; solo existe un nuevo arco iris.

Hombre Metal/mujer Agua

Esta puede ser una relación muy volátil y radical. La mujer Agua puede odiar su actitud chovi-

nista cuando se conocen por primera vez, y puede
sentirse incapaz de tolerar su arrogancia total aunque, en secreto, puede ser motivo de admiración
para ella. Su propia necesidad de exponer siempre la
verdad, tampoco combina muy bien con él, y puede
que les divierta tomarse el pelo al principio, sabiendo que pueden hacer bromas al otro.

El hombre Metal puede verla como una mujer
totalmente cautivadora y puede que le divierta su
mente fantasiosa y dispersa, que es muy diferente de
su intelecto penetrante e invasor. El principal problema puede surgir cuando el hombre Metal decide
que él puede enseñarle a esta mujer el arte de la verdadera pasión sexual.

Aunque a la mujer Agua le encanta el sexo, ella
no lo ve como el logro mayor de la vida. Y tampoco le gusta que le enseñen nada. Aprender y descubrir cosas divirtiéndose está bien, pero ser controlada por un hombre Metal con la ambición de refor-
marla ¡es algo aterrador! El cambio es la cosa más
necesaria en la vida de ella, y no le será fácil concentrarse solo en la actividad sexual concebida como
lo máximo de la existencia humana. Ella puede
poner a prueba los límites del hombre Metal, porque
él pide no solo lealtad, sino respeto a sus reglas,
y para él puede ser muy difícil encajar que ella quiera socializar y él no. Aunque el hombre Metal puede
amar el encanto y la vida sofisticada, esencialmente
él es un solitario.

Al hombre Metal le gusta descubrir misterios, y
la mujer Agua será realmente uno para él. La agilidad
mental y los actos caprichosos del estilo de vida

de esta mujer resultarán divertidos para el hombre Metal, pero a él no le gustará que hable constantemente en la cama cuando él podría estar moviendo cielo y tierra por ella. La mujer Agua puede amar la fuerza, el apoyo y el carisma sexual de él, pero no dejará a sus amigos por él, ni soportará el lado destructivo y celoso de la personalidad de él. La mujer Agua puede ser capaz de descubrir el verdadero corazón del solitario hombre metal, pero solo si ambos aprenden a escuchar los secretos, tan distintos, del otro.

Mujer Metal/hombre Madera

La naturaleza voluntariosa y solitaria que aparenta la mujer Metal es un impacto instantáneo para el hombre Madera. Él acepta con su mente abierta todo tipo de personas, y alguien tan carismático y encantador como ella lo fascinará instantáneamente. Por mucho que la mujer Metal intente mantenerse indiferente, se sentirá intrigada por los juegos extravertidos del hombre Madera. Él parece un hombre con experiencia en la vida, elocuente y totalmente cooperador, y su calma y su actitud distante pueden cautivarla. Con seguridad este hombre será tan independiente como ella, y quizá puedan crear una amistad basada en la lealtad y la confianza. Pero estas presunciones de la mujer Metal pondrán en su contra al hombre Madera. Él, que mantiene un idealismo bastante ambiguo sobre las relaciones, rara vez deja que se le acerque nadie. Si él se compromete con una sola persona, ¡siempre existe la pequeña posibilidad de que haya alguien mejor a la vuelta de la esquina!

Al hombre Madera le aterroriza que lo cacen, tanto intelectual como emocionalmente, y la naturaleza tan controladora de la mujer Metal puede hacer que él se ponga a la defensiva. Aunque ambos son personas seguras de sí mismas, ella solo está interesada en sí misma por sí misma, mientras que él se preocupa de sí mismo por el resto de la humanidad. Los grandes intereses y la conciencia de grupo pueden alimentar su intelecto por un tiempo, hasta que él se acuerda de que la amistad incluye a todo el mundo, no solo a una mujer.

Si el hombre Madera es meticuloso y listo, verá que detrás de la máscara de encanto y del corazón ambicioso de ella hay un alma frágil. Él la habrá analizado y la habrá juzgado mucho antes de que se vayan a la cama. Esto puede ser la perdición de ella, porque la mujer Metal es muy consciente de su necesidad de pasión, de tener una implicación sexual intensa y de la experiencia transformadora que puede acompañar a ese deseo.

Si creen que solo la amistad no es suficiente para ellos, él tendrá que recordar que ella quiere pasión física tanto como pueden gustarle las excéntricas pasiones que salen de los pensamientos de él. Cualquier pareja de elementos opuestos puede tener relaciones sexuales de alto voltaje. En este caso deben recordar que la mujer Metal busca el erotismo profundo, mientras que el hombre Madera quiere hacer el amor de forma distante e intelectual.

Hombre Metal/mujer Madera

La mujer Madera está segura de que puede mantener intacta su libertad porque sabe que el hombre Metal es tan arrogante y dueño de sí mismo como lo es ella.

En el momento de conocerse pueden sentirse atraídos al instante por su forma amplia de concebir el amor y la vida. La mujer Madera puede emplear métodos sutiles para profundizar y hacer salir a la luz las intenciones del hombre Metal. Luego buscará si hay huellas de desengaños amorosos de otras parejas o amantes. La mujer Madera admira la perfección y el éxito en un hombre, así que si él no ha llegado a nada en la vida aún, o si ha sido maltratado o herido en sus relaciones, entonces no es probable que ella esté interesada. La verdadera honestidad es lo que a ella le gusta, así como experimentar con nuevas ideas y planificar su propio futuro. Probablemente ella no pensará en un hombre Metal para un compromiso futuro, pero él puede entrar en su lista de teléfonos junto con el resto de sus mejores amigos.

El hombre Metal instantáneamente respetará la distancia que mantiene esta mujer, su forma de hacer las cosas seductora y mágica y la expresión no posesiva de su atracción hacia él. Al Metal le gustan las mujeres serenas, y también las que puede controlar. Es como si la mujer poco convencional y desenfrenada, que normalmente no le estimularía, es de hecho la que va a hacerlo. La suya puede ser una relación que se pone en marcha y se para a ratos, particularmente en lo que respecta a la mujer Madera si el hombre Metal espera demasiado de ella.

Los dos son personas solitarias a su manera. La mujer Madera puede tener un amplio círculo social, ser la mujer más social y más consciente del grupo, pero rara vez disfruta de las relaciones uno a uno. Las mujeres Madera a menudo viven mejor solas que con una pareja, pero este hombre puede ser suficientemente profundo y dedicado a sus propias causas como para que los dos puedan crear algún tipo de relación que para ella será poco convencional. La paradoja es que el hombre Metal es un conformista, pero a menudo se esforzará y enloquecerá por formar una relación con este adversario tan independiente y persuasivo.

Mujer Agua/hombre Agua

Estas dos personas tienen una capacidad extraordinaria para entender exactamente los sentimientos del otro, y a veces incluso sus pensamientos.

La primera vez que se conocen, su intuición se acentuará. El hombre Agua puede sentirse más cómodo con esta mujer que con ninguna otra. Su inclinación natural es dejarse atrapar por la corriente de la energía que tiene a su alrededor, y una mujer Agua sigue los mismos ríos y canales que él. Los dos son románticos y les gustará dejarse atrapar por las fantasías y similares visiones del otro.

Primero les atrae su búsqueda mutua por la belleza y la verdad, y los dos se confían cuando ven una cara bonita o un ideal físico, creyendo solo en lo que ven en vez de mirar más adentro para encontrar el alma que hay tras la máscara. Para proteger su propia naturaleza innata, las personas Agua llevan muchas máscaras, incluyendo la frívola, la encandiladora amante de la diversión, el mártir que se sacrifica, la víctima o el salvador. Harán cualquier papel que quieran, y para ellos será solo un nuevo giro en su experiencia de la vida. Juntos, estas dos almas de Agua tal vez lleguen a descubrir que pueden al menos entender las muchas caras y juegos que el otro practica.

Su versatilidad implica que su forma de hacer el amor incluye todo, desde pasión y espontaneidad alocada, hasta juegos mentales poco profundos. Ambos prefieren mantener sus emociones muy bien escondidas, disfrutando del momento por lo que es, sin atreverse a hacer promesas sobre el mañana, y mucho menos sobre la próxima semana. Lo triste es que ninguno dejará al otro cruzar sus fronteras emocionales que tienen tan bien delimitadas. Pueden absorber los problemas de los demás, pero rara vez se fijan en los suyos. Esta es la razón por la cual, una vez que se enamoran, se entregan muy poco.

Ambos tienen miedo a la soledad y prefieren vivir en pareja o con amigos, pero también tienen necesidad de variedad, cambio y exploración. Si pueden dejar que el otro viaje libremente, entonces puede que resuelvan este problema. Ambos tienen imaginación y percepción suficientes como para darle al otro el espacio que tanto necesitan para que su individualidad se concrete.

Mujer Agua/hombre Madera

Estas dos personas bailarán juntas sin pisarse los pies.

Cuando se encuentran por primera vez, a la mujer Agua puede divertirle la extraña forma que él tiene de acercarse a ella. Sereno, cortés y ambiguo con respecto a sus intenciones sobre ella, él verá que ella es muy escurridiza, tanto mental como físicamente. Sin embargo, cuanto más profundiza, a él le divertirá cada vez más el reto intelectual, porque los hombres Madera prefieren con mucho una conversación estimulante y sin prejuicios a las opiniones dogmáticas (él ya tiene suficiente con las suyas propias).

Ninguno de los dos quiere un compromiso convencional. El hombre Madera tiene necesidad de una soledad e independencia bastante indirecta. Él tiene que tener amigos cercanos, y muchos, pero dentro de su círculo, ya sea grande o pequeño, él permanecerá distante y libre. A la mujer Agua le encantará formar parte de su mundo excéntrico, y se pasará muchas horas escuchando los problemas de los amigos de él, simpatizando con sus sentimientos y haciendo uso de su mente. Él estará encantado, atraído por los gestos espontáneos de ella y su actitud efímera hacia la vida, que también puede incluirle a él. A veces ella se lo tomará demasiado a la ligera, y se negará a apoyar los puntos de vista más rígidos que a él le gusta imponer a su alrededor. Ella también puede sentirse frustrada porque él se dedica a la emancipación de todo el mundo excepto de sí mismo. Esto supone un reto para ella, y una mujer Agua, a pesar de su dispersión, necesita una pared grande a la que subirse. Su naturaleza inquieta se alimenta del desacuerdo, siempre y cuando no sea ella la que lo provoque.

Sexualmente combinan bien. La emoción y la profunda sensualidad no son algo fundamental dentro de sus diversiones de cama. Algunas noches pueden preferir hablar sobre el universo a la luz de la luna llena, o poner sus hamacas en el porche a medianoche y simplemente mirar las estrellas. Es aquí cuando el hombre Madera puede aprender de la sabiduría de la mujer Agua. Y una noche, él puede tener suerte y descubrir que se ha iluminado lo suficiente como para reconocer sus propios sentimientos internos.

Hombre Agua/mujer Madera

El inquisitivo hombre Agua puede sentir una genuina, aunque no emocional, afinidad por la seductora y ecuánime mujer Madera. Cuando se conocen (probablemente en el trabajo o en una fiesta, porque ambos son animales sociales), la mujer Madera, querrá analizar y diseccionar a este hombre brillante, listo y dinámico. Él puede hablar sin parar sobre cualquier tema, pero no dirá mucho sobre sí mismo. Probablemente esto magnetizará la perspicacia intelectual de la mujer Madera así como algunas cuerdas de su corazón. ¿De qué va este hombre real-

mente? Los dos tienen la misma actitud relajada ante
la vida, aunque a veces la mujer Madera puede ser
terca y dogmática porque sí, y el hombre Agua
puede ser inconstante, voluble y poco fiable. Pero el
hombre Agua siempre querrá comunicarse con la
mujer Madera, solo porque el despiste de ella lo
mantendrá alerta. Ella puede tener problemas para
mantenerse al ritmo de su impaciencia y de sus planes e ideas indiscriminados. Sus cambios de humor
pueden tenerla fascinada porque parecen reflejar las
intenciones de todos los demás de alrededor, pero no
las intenciones de él mismo. La mujer Madera necesita primero un amigo y luego un amante, y este
hombre puede ser el único con el que pueda mantener su libertad, al tiempo que sabe que alguien está
interesada por ella.

Juntos pueden enfrentarse al miedo a fallar que
ambos tienen con respecto a su sexualidad. El
miedo de la Madera a la intimidad no se verá ame-
nazado por los brazos tranquilos del hombre Agua,
y de la misma forma él puede dejarse llevar, sabiendo que ella no dirigirá ninguna mirada llena de
emoción hacia él. Su intuición hace que él siempre
esté preparado para cualquier giro o cambio en su
relación. Porque el hombre Agua sabe instintiva-
mente cuándo la mujer Madera necesita seguir adelante, ya sea en su carrera profesional o socialmente,
y estará feliz de seguir sus pasos. Su único problema
se producirá si él se vuelve demasiado sensible a la
necesidad de perfección que ella tiene, y ella empieza a preguntarse si él podrá estar a la altura de su
ideal.

Mujer Madera/ hombre Madera

Si ambos están igualmente contentos haciendo sus propias vidas, y pueden de verdad dejar a su pareja la libertad que ambos buscan desesperadamente, entonces esta combinación de armonía no posesiva puede durar toda una vida. Al ser el mismo elemento, tienen una afinidad natural por reformar cosas, por la perfección y por el bien de todos. Su compasión universal será apreciada y sentida por los demás, y compartirán su sentido de justicia y de igualdad social con entusiasmo y con debates intelectuales. Sin embargo, debido a que ambos están tan ocupados persiguiendo sus objetivos humanitarios, no tienen demasiado tiempo para compartir bajo las sábanas.

Lo que les atrae al principio es su ideal mutuo de un romance que dure para siempre. Sin embargo, la monotonía de la cercanía física y la rutina diaria de vivir juntos puede echar a perder esta profunda necesidad interior por el placer romántico. La suya es una relación que puede funcionar mejor si viven separados. Otra posibilidad es que puedan estar separados por necesidades laborales o sociales, para que disfruten de la compañía del otro cuando se reúnan en casa.

Las personas Madera requieren un amor muy cultivado. Debe ser refinado y trabajado, cultivado para producir algo más que encuentros sexuales o estimulación mental. Casi al borde de lo espiritual, su amor debe ser algo tan impresionante como el paisaje universal que ambos son capaces visualizar.

El único problema que pueden tener es al expresar sus necesidades, porque los dos tienen miedo de revelar demasiado su ser más profundo. Pero juntos pueden esbozar un acuerdo tácito, un entendimiento intuitivo de que diga lo que diga o haga lo que haga el otro, estará bien ser así. Si ambos son conscientes, entonces su tolerancia y aceptación del otro mejorará. Es más probable que el hombre Madera sea sentencioso si se le irrita, pero cuando vea su reflejo como si fuera un espejo frente a él en la forma de su compañera Madera, empezará a flexibilizar un poco sus puntos de vista. Aunque ser sensible con respecto a los demás no es una prioridad, compartir la experiencia de ser humano lo es, siempre y cuando puedan hacerlo por separado, juntándose solo cuando es un buen momento para los dos.

Hablar es probablemente su mayor pasión, y encontrarán su mayor punto de unión a través de la conversación, aunque pueden seguir negándose a hablar de sus miedos o sentimientos más profundos. Sexualmente, pueden crear el ambiente ideal, una experiencia física perfecta y romántica, y aun así siempre estarán buscando algo más que el simple amor humano. Quizá juntos puedan encontrarlo.

Capítulo Diez

Los elementos en familia

E L CAPÍTULO FINAL aporta información sobre cómo cada elemento de nacimiento o elemento clave funciona dentro de la unidad familiar. Este capítulo te permitirá descubrir cómo se llevan los padres con los hijos, y viceversa. Recuerda, si estás en una fase de un elemento distinto a tu elemento de nacimiento, haz uso de los rituales del año de cinco estaciones y de los consejos para mejorar la armonía.

Fuego

En casa estás decidido a ser el líder. Necesitas tomar las decisiones rápidamente, y si tu familia no se pone a la altura de tu forma de organizar el tiempo, te volverás impaciente y exigente. Necesitas acción y entusiasmo, y eres apasionado con respecto a tu casa y a las personas con las que la compartes.

Los padres Fuego

Los padres Fuego son dinámicos y están llenos de optimismo con respecto al futuro. Esperan que sus hijos estén igual de entusiasmados por las cosas nuevas, porque ellos mismos son como niños. Los padres Fuego comprenden las dificultades de crecer, pero pierden la paciencia si sus hijos se ponen testarudos, obstinados o de mal humor, lo que, por supuesto, ocurre a menudo con los niños.

La madre Fuego es especialmente proclive a estimular a sus hijos para que salgan y se diviertan, para que aprendan a montar y para que disfruten de deportes no habituales, esperando poder entusiasmarlos. Los padres Fuego pueden no interesarse mucho por la profesión que sus hijos tengan al final, pero sí que quieren que ganen todos los premios del colegio. El Fuego es muy competitivo, y los padres Fuego quieren que sus hijos obtengan los mejores resultados.

Los padres Fuego tienen dificultades con los hijos Metal, y esta combinación funciona bien solo si al hijo Metal se le da una responsabilidad y un conjunto de normas por las que regirse. Aunque el Fuego no es especialmente partidario de las reglas y las normas, los padres Fuego pueden descubrir que la vida es menos estricta si dejan que sus hijos Metal muestren su determinación y su dedicación a una causa. La guerra de las voluntades seguirá, y a menudo el hijo Metal será más voluntarioso y testarudo que los padres Fuego. El Fuego preferiría seguir adelante y ver qué viene a continuación que quedarse a discutir.

Los padres Fuego se llevan bien con los niños Madera y Tierra, y les dan muchas oportunidades para saber cómo cuidarse a sí mismos y afirmar sus necesidades. Como contrapartida, estos niños recompensan a sus padres Fuego abriéndoles su campo de visión para que no estén solo centrados en sí mismos. Los niños Madera y Tierra se relajan teniendo el Fuego a su alrededor y dejan que su padre y su madre también se relajen.

Para los padres Fuego, los niños Agua son los más difíciles de todos. Pero hay un fuerte lazo entre ellos, precisamente porque son tan diferentes. Los padres Fuego pueden gritar enfadados cuando el hijo Agua está inquieto y aburrido, se mete en el baño una hora y luego, de repente, se come todo lo que hay en la nevera. Al Fuego nunca le gustará el ir y venir de los niños Agua, pero el Agua será muy perceptivo, casi como un adivino, a los cambios de humor y dramas diarios de sus padres. Los niños Agua aprenden rápido a salir adelante por sí mismos y, en algún momento, el insensible padre o madre Fuego puede empezar a darse cuenta, para su alegría, de lo entretenido, listo y divertido que su hijo Agua puede llegar a ser.

Las personas Fuego son padres excelentes, especialmente para los niños extravertidos y muy sociables, ya que su carácter lleno de energía y emprendedor se contagia fácilmente. Sin embargo, una madre Fuego o padre Fuego pueden llegar a presionar demasiado y esperar demasiado de sus hijos. Más adelante en su vida, quizá los niños piensen que siempre tienen que estar a la altura de ideales muy elevados que nunca pueden alcanzar.

Los niños Fuego

Los niños Fuego están llenos de energía sin límites, quizá menos cuando son pequeños. Necesitan tener algún tipo de rutina que les dé cierta sensación de organización y hacerles conscientes. Sin embargo, demasiada disciplina, hará que tengan la reacción contraria y se negarán a hacer cualquier cosa. Los niños Fuego se sienten incómodos a menos que consigan todo lo que necesitan *ahora*, y si no pueden conseguir lo que quieren, a menudo se rebelan o se vuelven salvajes e irascibles en el colegio.

Los altos niveles de energía de los niños Fuego se equilibran mejor jugando a deportes o juegos que estando quietos en la clase o ayudando a los padres. Los niños Fuego necesitan algo en lo que involucrarse con ganas. Si su energía puede canalizarse en algo que les apasiona, es menos probable que tengan arrebatos de mal genio o que se pongan impacientes o irascibles. Teniendo buena mano, un niño Fuego será capaz de utilizar plenamente su espíritu competitivo, siempre y cuando antes no haya decidido que va a llevar la casa él mismo.

Decoración del hogar

Las personas Fuego necesitan que su casa sea elegante. Quizá prefieran los colores llamativos y las luces espectaculares, cuadros impactantes o telas extravagantes y abstractas. Si eres Fuego, asegúrate de tener una habitación o un área que esté dedicada a *ti*.

Si los diseños de colores llamativos no son lo tuyo, entonces pon rojos y naranjas en las cortinas, en las tapicerías o incluso en los marcos de los cuadros o de los espejos. Cuelga espejos para que reflejen la luz del sol, y utiliza plantas de caucho, cactos o campanillas, carteles con motivos fantásticos y escenas de fuegos artificiales para decorar. Para un hijo Fuego, pinta estrellas de plata en el techo, dibujos de animales salvajes o escenas alrededor del fuego en las paredes. Cuelga un cristal en la ventana que dé al sur para reafirmar tus entusiastas necesidades.

Tierra

En casa eres práctico, creativo y cariñoso, y disfrutas de la compañía de una vida familiar serena. Te encanta la naturaleza y necesitas mantener tu rutina y que tu familia y tus amigos se sientan queridos. Te responsabilizas mucho por la familia, y tu casa debe estar llena de objetos preciosos o de tesoros sentimentales que te recuerden el pasado.

Los padres Tierra

Los padres Tierra, en los que siempre se puede confiar, saben infundir una sensación de propósito y continuidad en la vida de sus hijos. Sin embargo, los padres Tierra siempre saben lo que es mejor para sus hijos, a veces llegando a excluir las ideas de los demás.

Los padres Tierra quieren mantener un ambiente tranquilo y bastante rutinario, y la madre Tierra será exactamente así: generosa, un gran apoyo y muy capaz. Tiene mucha cautela con las cuestiones emocionales, y quizá es demasiado vigilante cuando sus hijos quieren jugar fuera, y demasiado ansiosa cuando sus hijos traen a sus amigos adolescentes y se sientan en sus sofás de anticuario. Los padres Tierra no son muy adaptables, y puede que les sea difícil aceptar que sus hijos tienen tanto derecho a elegir como los adultos. Pero las personas Tierra guiarán a sus hijos a través del proceso de tomar decisiones con lógica y los educarán sobre la necesidad de pensar con antelación.

Los padres Tierra construyen para el futuro. Necesitan tener un papel dirigente en la casa y asegurarse de que todos colaboran de forma justa. Los padres Tierra tienden a tener actitudes dogmáticas y conservadoras. Tienen miedo al cambio y no les divertirá la rebelión de los jóvenes con ideas precoces. Las inversiones en el futuro y la seguridad financiera son esenciales para la felicidad de los padres Tierra. Si ven que sus hijos tienen lo mejor, ya sea en educación o simplemente por el lugar en el que viven o su posición, entonces los padres Tierra se sentirán serenamente satisfechos. Pero querrán ver los resultados de sus esfuerzos. Los padres Tierra pueden ser demasiado rígidos y anticuados, y la parte sobreprotectora y tenaz de la madre Tierra puede ser causa de dificultades cuando los niños crecen y quieren irse de casa.

Para los padres Tierra, los niños Agua y Madera son difíciles de manejar. Ambos requieren una mente flexible y tener la libertad de hacer lo que quieren. Estos niños pueden no estar a la altura de los estándares tradicionales de los padres Tierra, ya que ambos son liberales y bastante poco convencionales. Los niños Metal, por otro lado, pueden tener una relación mucho más estimulante con su madre Tierra, ya que ambos comparten la necesidad de estabilidad y de emprender cosas. Los niños Fuego pueden dar vida a los padres Tierra con sus altos niveles de energía. Los padres Tierra tienden a ver la parte seria de la vida en exceso, y los niños Fuego pueden aportar humor y diversión al ambiente familiar, siempre y cuando la Tierra tenga la paciencia (y normalmente así es) para poder manejar sus berrinches y su carácter egocéntrico.

Los niños Tierra

Los niños Tierra tienen una voluntad fuerte y son muy cariñosos, pero normalmente quieren hacer las cosas a su manera. Pueden ser muy creativos y artísticos si se les da la oportunidad, y prefieren las actividades dentro de casa o los deportes fáciles que no requieren mucho esfuerzo de equipo. Les encanta la comida y tener sus cosas, y pueden surgir problemas si no se les enseña a compartir desde que son pequeños. Los niños Tierra tienden a veces a aferrarse mucho a sus padres y a sus juguetes.

Cuando crecen, pueden negarse a compartir su comida con amigos, o a compartir su ropa, maquillaje o sus discos. También se vuelven muy celosos si sus amigos más cercanos se hacen amigos de otros, porque la lealtad es algo incuestionable para el niño Tierra.

Aunque quizá quieran tener siempre la razón, su capacidad para cuidar y apoyar a sus hermanos y hermanas o a sus amigos los hace muy populares. En el colegio, el niño Tierra puede responder bien a las disciplinas y a los límites impuestos. Más que otra cosa, el niño Tierra necesita un territorio estable y cómodo desde donde aventurarse en el mundo; luego puede irse lejos. Sin un ambiente estable y tranquilo, se puede volver rígido y perezoso, codicioso y muy exigente cuando crezca. Aunque el niño Tierra parece que va despacio mientras los demás van corriendo o al ataque, siempre acabará llegando. Al madurar, los niños Tierra se vuelven razonables y sensatos con respecto a la vida y a sus relaciones, y son los más felices dentro de los confines de lo convencional.

Decoración del hogar

La casa Tierra debe ser cálida y estar llena de objetos bonitos, dibujos o colores naturales y texturas. Las personas Tierra reaccionan bien a las colecciones de piedras o guijarros, vasijas de cristal de roca y antigüedades. Si eres una persona Tierra, pon colores terracota, ocres y amarillos oscuros del desierto. Pon esponjas, conchas y rocas en el baño, y ten la cocina llena de viejos recipientes y especias. Los lujos en la vida son importantes en la atmósfera de la persona Tierra, así que báñate en aceites sensuales, utiliza telas antiguas, estampados de Cachemira y tapices en la decoración o en las cortinas. Los paisajes japoneses mejorarán tu vitalidad si los cuelgas en el dormitorio. Cómprate un bonsái, ya que la Tierra es probablemente el único elemento que tiene la paciencia necesaria para cuidarlo. A los niños pueden gustarles los diseños de colores brillantes e intensos en su habitación. Incluye colores café y verdes, ocres suntuosos e imágenes de la vida salvaje, de la jungla o de la naturaleza.

Metal

En casa dices o haces casi lo mínimo. Prefieres la paz y la tranquilidad a las fiestas espectaculares o a las interminables disputas y peleas familiares. Quizá prefieras vivir solo, pero si eres miembro de una familia, casi seguro que quieres llevar las riendas. Tú exiges respeto, y también insistes en las cuestiones rutinarias. Los miembros de tu familia deben tener bastante confianza en sí mismos, compromiso e integridad, y estar preparados para aguantar tus extremos, ya que puedes ser o la persona más divertida de la Tierra o la más deprimida.

Los padres Metal

Los padres Metal son, por un lado, maravillosos instigadores de nuevas ideas para sus hijos, y, por otro, son modelos perfectos de lo que es disfrutar de la vida a tope. El inconveniente es que quieren desesperadamente que sus hijos tengan éxito, y esto puede llegar a ser exagerado. Los padres Metal, aunque bastante inconscientemente, pueden ser demasiado estrictos cuando los niños son muy pequeños, impidiendo que los niños descubran el mundo por sí mismos. Los padres Metal tienen principios muy fuertes, y pueden no permitir que el niño tenga tanta libertad al elegir su ropa, su deporte o sus amigos como quizá al niño le gustaría. Pero los padres Metal también pueden alentar y dirigir a sus hijos de una forma hábil e intuitiva. Mantenerlos ocupados y trabajando con los deberes del colegio, juegos o nuevas habilidades es fácil para los padres Metal. Hacerse cargo y motivar sus aspiraciones en la vida no es ningún problema. Lo que sin embargo encuentran difícil es moderar su parte crítica y su necesidad de apegarse a las reglas. Esta falta de tolerancia se puede extender a sus hijos.

Los padres Metal son buenos modelos a seguir porque son personas de éxito e individualistas. Saben reaccionar ante una crisis cuando sus hijos están enfermos, o llegan del colegio quejándose de sus profesores o amigos. La profesión del padre o de la madre Metal puede, sin embargo, ser más importante que su papel de padre o madre, y esto puede ser motivo de conflicto dentro de la familia. La madre Metal no es muy aficionada a los asuntos domésticos, y, aunque quiere mucho a sus hijos, puede que no lo demuestre o que no sea muy cariñosa con ellos.

Los padres Metal se llevan bien con los niños Agua y Tierra. El bebé Agua será muy diferente a su madre y llevará humor y ligereza a la vida de sus padres. Los niños Agua se pueden adaptar fácilmente al aspecto territorial de sus padres Metal, sabiendo que se irán de casa y podrán disfrutar de una amistad madura con ellos. La Tierra no es muy flexible y le gustará que le guíen y que le impongan límites. El Fuego puede luchar con un padre o una madre Metal, y la Madera se rebelará cuando sea adolescente, ¡o antes!

Los niños Metal

Los niños Metal tienen muchos recursos, y cuando han crecido lo suficiente como para saber andar, ya habrán analizado a su familia y sabrán exactamente cómo conseguir lo que quieren de ellos. Es esencial mantenerlos activos y ocupados si queremos que los niños Metal sepan dar un propósito y un significado a todo lo que hacen. De otra forma, es probable que menosprecien a sus hermanos y hermanas o a sus amigos y amigas, y manipulen a sus padres para que les den todo lo que quieren, cuando lo quieren. Los niños Metal son poderosos, y su apariencia fuerte esconde la tremenda intensidad emocional que hay dentro y que necesita canalizarse a través del deporte, los trabajos creativos o la música. El niño Metal debe estar siempre haciendo algo, si no puede ser un desastre.

Los niños Metal pueden ser más celosos que los niños de otros elementos cuando llega un nuevo bebé a la casa. Tienen mucho miedo a ser rechazados, así que es bueno que los padres lo hablen, quizá animando al niño o niña Metal a que les ayude con el bebé. Los niños Metal, que son excelentes en el colegio, se crecen con su propio éxito y, al madurar, disfrutarán de los retos, desde el atletismo, montar a caballo y las artes marciales, a los debates políticos. A la mayoría de los niños Metal les gusta leer, y pueden mostrar interés por la Historia, la Arqueología o por los deportes solitarios como montañismo o natación.

Decoración de la casa

A las personas Metal no les preocupa tener una decoración frívola o demasiadas cosas. Les gusta mucho estar en un ambiente en el que el oro, la plata y los signos de riqueza destacan. La cocina es un lugar excelente para que las personas metal pongan utensilios de acero inoxidable, grabados exquisitos o dibujos de líneas contra una pared blanca. Utiliza espejos con marcos dorados en la entrada o en la sala de estar, y cabeceros de metal en el dormitorio, para mejorar tu integridad y tu autoestima. Para acentuar el poder y el éxito, quizá necesites poner un «árbol del dinero» (cualquiera de esos carnosos con las hojas en forma de moneda que pueden encontrarse en las tiendas de plantas) en la esquina de tu cuarto de baño, o colgar hilos o cadenas de plata o de oro del pilar de la cama. Para los niños, pon estrellas de oro en las paredes o puertas, pinta su habitación de colores suaves y brillantes e incorpora telas de colores dorados en su ropa de cama.

Agua

En casa eres un gran comunicador. Siempre charlando con tu familia o por teléfono con tus amigos; disfrutas con la compañía vivaz y estimulante. Tus hijos tienen que ser tus amigos, y los padres deben compartir la misma responsabilidad al criarlos. Puede que seas flexible con respecto a las necesidades de tu familia, pero necesitas escaparte tan pronto como puedas para recargar tu naturaleza sensible e imaginativa.

Los padres Agua

La dificultad mayor de los padres Agua será imponer cualquier estructura o disciplina en la vida diaria de sus hijos. El Agua odia que le digan lo que tiene que hacer, y de la misma forma se resistirán a corregir o regañar a sus hijos por cualquier cosa. Los padres Agua, sin embargo, tienen la mágica cualidad de entender cualquier cosa que quiere, necesita, siente o piensa su hijo. Ya sean adivinos o simplemente que estén en sintonía, la madre Agua en particular siempre responderá a sus niños y disfrutará sin fin jugando con ellos, entreteniéndolos y llevándolos a todos los sitios. Cuantas más cosas hagan los padres Agua con sus hijos, mejor para los dos. Los padres Agua son niños de corazón e impacientes por ello. Pueden malcriar a sus hijos más que otros padres, pero su genuina flexibilidad e imaginación hacen que sus hijos sean felices, enérgicos y sociales como lo son ellos.

La gran gama de intereses y experiencias de los padres Agua estimularán y despertarán mucha sabiduría dentro de los niños más jóvenes, pero pueden enfrentarse a problemas al romper las normas demasiado a menudo, y al ser incapaces de tomar decisiones. Los niños mayores y los adolescentes pueden ver que su madre es insoportablemente inquieta y cambiante, y que es demasiado agradable y encantadora con todo el mundo. Los padres Agua frecuentemente confían demasiado en la capacidad del niño para tomar sus propias decisiones, en vez de ofrecerles una sólida guía.

Los padres Agua se llevan mejor con los niños Agua, Madera y Fuego. Puede que prefieran la compañía de adultos a tener que enfrentarse al intenso conflicto con un niño Metal, aunque intentarán desesperadamente entender qué hay detrás del comportamiento del niño. Con los niños Tierra pueden frustrarse, porque el niño prefiere los rituales y la rutina, pero al ser adaptables a todo, los padres Agua al menos escucharán e intentarán aprender. La debilidad de los padres Agua es que pueden llegar a hacer demasiados sacrificios por sus hijos, y que siempre estén corriendo como locos arriba y abajo haciendo cosas por ellos, y luego que interfieran en sus relaciones y amistades más adelante en la vida.

Los niños Agua

Estos son niños muy sensatos y muy conscientes de los demás. Puede que crezcan como cualquier otro niño, pero prefieren vivir en el mundo de su imaginación tanto tiempo como puedan. La vida es un sitio tremendamente difícil para el niño Agua, y escaparse a sus fantasías o ensueños o entretenerse con libros y cosas artísticas puede ayudarles a aliviar la presión de saber que todo el mundo está pensando constantemente. Los niños Agua deben ser estimulados mentalmente y les divertirá practicar a muchos juegos y aprender tantas habilidades como puedan. El aburrimiento es el mayor problema, y debido a que están tan ansiosos por empezar un nuevo juego o actividad, terminar algo puede resultarles una tarea imposible.

Los niños Agua odian que les digan lo que tienen que hacer y serán suficientemente listos, al madurar, como para encontrar muchas formas de eludir a sus padres, a los profesores y a los amigos. Pero los niños Agua seguirán siendo dispuestos y adaptables, voluntariosos y generosos, siempre y cuando los demás comprendan su necesidad de espontaneidad. En el colegio les divierten las conversaciones ingeniosas y las asignaturas activas o prácticas, pero pueden dejarse llevar a sus ensoñaciones en las lecciones más académicas. A menudo atraen a un gran círculo de amigos, y puede que les guste socializar cada vez más al acercarse a la adolescencia. Las niñas adolescentes del elemento Agua pueden ser volubles e impredecibles, pero siempre serán populares; los chicos Agua necesitan enfocarse en actividades recreativas para canalizar su energía tan cambiante.

Decoración de la casa

Las personas Agua son las más felices en un ambiente que les ofrezca cambio y fascinación. Fieles a su naturaleza Agua, las plantas que crecen rápido, los peces rápidos y el agua corriendo (una fuente, o dibujos y escenas de naufragios, barcos, mares enfurecidos y cataratas) estimularán y llevarán la armonía a su casa. Si eres una persona Agua, puedes sentir que tu vida se enriquece si incorporas piedras y rocas del mar en la decoración del baño. En cuanto a los colores, utiliza los violetas, el azul Prusia y tonos oscuros en la habitación favorita de la casa. Pon una pecera o recipientes de piedra llenos de agua de colores, velas azules y música suave en tu habitación. Coloca cristales de ámbar o de aguamarina en el bordillo de la ventana en una habitación que dé al norte para darte inspiración y paz.

Madera

Si eres una persona Madera, aunque tu casa no será un símbolo de prestigio, con seguridad será algo excéntrica y poco convencional. Necesitas espacio, habitaciones amplias y a alguien que haga el trabajo doméstico si te lo puedes permitir. Tu familia tiene que estimular tu mente, y probablemente tú serás muy liberal con respecto a sus puntos de vista, su libertad y lo que les mueve en la vida. Siempre y cuando nadie intente organizarte o aprovecharse de tu buena naturaleza, te gustará participar de la vida de familia. Sin embargo, tu libertad es algo a lo que no te gustará renunciar.

Los padres Madera

Evitar los conflictos es algo natural en el padre o madre Madera. Tan pronto como perciben la posibilidad de que surja una rabieta, una pelea o un adolescente irritable, con serenidad harán que la atmósfera cambie o canalizarán la energía del niño de forma positiva. Los padres Madera pueden ser buenos padres si, y solo si, pueden permanecer un poco desapegados de cualquier contacto emocional. Si sus hijos tienen necesidad de cariño, ellos se lo demostrarán, pero no por medio de abrazos y besos; es más probable que lo hagan con palabras amorosas y expresiones cálidas.

Los padres Madera, especialmente las madres, son muy conscientes de las cuestiones económicas, y esperarán que sus hijos tengan el mismo cuidado con respecto a su dinero, sus posesiones y la gente. Los padres Madera tienen principios fuera de lo común, lo que les dará a los niños más pequeños la oportunidad de experimentar con cualquier cosa, desde juegos de alta tecnología hasta construir una casa en un árbol o en un jardín silvestre.

Los padres Madera tienen un talento natural para la organización, y por ello son un modelo fuerte y de apoyo para los niños que crecen. El padre Madera estará siempre dispuesto a charlar de absolutamente cualquier tema, y es probable que lo sepa todo sobre ese tema también. Son fantásticos profesores, y pueden ofrecer consejos diplomáticos y abiertos a sus hijos mayores. Sin embargo, los hijos pueden entender este modo abierto de ver la vida, como un pase de entrada para hacer lo que quieran, y los padres Madera pueden experimentar más rebeldía por parte de sus hijos adolescentes de lo que se hubieran esperado.

Los padres Madera pueden ponerse nerviosos ante las demandas de sus hijos cuando son bebés. Esta no es una edad fácil para los padres Madera, pero si pueden atravesar esos primeros años, se darán cuenta de que sus hijos se hacen sus amigos, y esto será como un tesoro para ellos. Los padres Madera se llevan bien con los encantadores niños Agua y los inspiradores niños Fuego, pueden pelearse con sus hijos Metal y puede que los niños Tierra se pongan quejicas en una casa en la que no hay una disciplina clara.

Los niños Madera

Los niños Madera son sociables y poco posesivos con sus amigos y con sus juguetes. Son almas populares y poco convencionales en el colegio, y trabajan de forma irregular pero con una mente aguda y con inventiva. Para otros niños, los niños Madera son encantadores, pero un poco centrados en sí mismos y distantes, reflejo de su necesidad innata de permanecer distantes de la intimidad. Tendrán muchas amistades y disfrutarán de la compañía de sus hermanos y hermanas y de su familia, pero necesitarán tener mucho espacio.

A los niños Madera se les puede alentar para que vayan bien en el colegio, siempre y cuando no se les imponga demasiada disciplina. Pueden ser muy buenos en las asignaturas artísticas, porque tienen un fuerte sentido estético y cualidades musicales. Cualquier cosa diferente les divertirá, y puede que elijan amigos extraños o poco convencionales cuando se hagan mayores. Los niños Madera, cuando son más pequeños, son famosos por ser mandones, pero serán más cooperadores una vez que llegan a edad escolar y se dan cuenta de que no son el único niño del mundo. Los niños Madera crecen muy bien en un ambiente informal y a la vez controlado. Necesitan rutina, pero también necesitan desviarse de ella. El desayuno puede ser siempre a las siete y media, pero la oferta debe ser variada. Tostadas con mermelada una mañana, huevos la siguiente, o ¿qué tal mermelada con huevos?

Decoración de la casa

Las personas Madera necesitan una casa sofisticada y no convencional en la que se puedan sentir bien enraizados. Puede que prefieran edificios poco corrientes, almacenes reformados o viejas casas y apartamentos, siempre y cuando tengan el espacio y las posibilidades para transformarlo en su ideal lo más posible. Si eres una persona Madera, puede que pases más tiempo fuera de tu casa que en ella, pero para mejorar y armonizar todos los aspectos de tu vida, incorpora algunos elementos de Madera. Obviamente, los muebles, los libros y las plantas son elementos de Madera naturales, así que utilízalos para su beneficio. Los libros son maravillosos para ayudarte a definir tus aspiraciones, así que ten un pequeño montón de tus libros favoritos en la cocina o en el dormitorio. Utiliza colores como verde menta, verde oliva, los colores suaves del atardecer y tintes naturales. Convierte tu escalera en algo especial añadiéndole plantas o retorcidas tallas de madera en lo alto y en la base. Si no, pon dibujos o carteles que tengan alguna referencia visual a escalones o escaleras, o coloca un trozo de turmalina verde o malaquita en el bordillo de una ventana que dé al Este para conectarte con la intención de progresar.

Últimas palabras

S IGUIENDO la sabiduría de tu energía actual: Fuego, Tierra, Metal, Agua o Madera, también estás descubriendo más cosas sobre *ti mismo*.

Al hacerte más consciente de quién eres con relación al mundo y a lo que te rodea, y al entender que la pareja, los amigos y la familia pueden identificarse con una energía muy diferente a la tuya, estarás incorporando los cinco Elementos a tu vida. Esto es solo el principio, pero es el primer paso en el viaje hacia una vida en armonía.

Los maestros ancestrales de Feng Shui eran a menudo artistas, poetas, filósofos y eruditos, pero también eran solo personas normales que querían equilibrio y armonía en el mundo natural y también en sus propias vidas.

Cuando utilizas el Feng Shui para ti mismo, acuérdate también de utilizarlo para el bien de la humanidad, de todos los seres vivientes y, particularmente, para el bien del planeta Tierra que es el «hogar» para todos nosotros.

La noche estaba salpicada de estrellas... iban reunién-
dose alrededor de la casa, como si tuvieran curiosidad por
ver qué iba a ocurrir allí.

De *Peter Pan*, de J. M. Barrie

Sobre la autora

Sarah Bartlett es una cualificada astróloga y lectora de tarot a la que recurren muchas personalidades célebres y que aparece con frecuencia en la televisión y la radio. Es autora del éxito de ventas *Feng Shui para amantes*. Sarah Bartlett vive cerca de Cambridge.

BOLSILLO-EDAF

501 ENSEÑANZAS PERDIDAS DE JESÚS, *por M. L. Propher y E. C. Propher.*

502 LOS AÑOS PERDIDOS DE JESÚS, *por E. Clare Prophet.*

503 FENG SHUI, *por K. Lau.*

504 CÓMO DESARROLLAR UNA MÁXIMA CAPACIDAD CEREBRAL, *por M. y O. Ehrenberg.*

505 COCINA LATINOAMERICANA, *por Lambert Ortiz.*

506 ME SIENTO GORDA, *por L. C. Ladish.*

507 GUÍA PRÁCTICA DE SALUD EMOCIONAL, *por R. Calle.*

508 LECTURA RÁPIDA PARA TODOS, *por R. G.ª Carbonell.*

509 DONDE TERMINAS TÚ EMPIEZO YO, *por A. Katherine.*

510 EL DESPERTAR DE LOS PODERES PSÍQUICOS, *por H. Reed.*

511 RECOBRA TU INTIMIDAD, *por A. Wilson Schaef.*

512 REIKI UNIVERSAL, *por J. De'Carli.*

513 LOS ELEMENTOS DE PNL, *por C. Harris.*

514 CURACIÓN POR LA MENTE, *por L. Proto.*

516 RELAJACIÓN Y RESPIRACIÓN EN CASA CON RAMIRO CALLE.

517 REGRESIONES, *por R. Moody.*

518 EL LENGUAJE CORPORAL, *por G. Rebel.*

519 SERENAR LA MENTE, *por P. Cooper.*

520 EL PODER MENTAL DE LA VISUALIZACIÓN CREATIVA, *por P. Cooper.*

521 LA SUERTE ESTÁ EN TI, *por M. S. Olba.*

522 EL LIBRO DE LA FELICIDAD, *por J. M.ª Íñigo y A. Aradillas.*

523 TODOS PODEMOS HABLAR BIEN, *por R. G.ª Carbonell.*

524 VIDAS PASADAS, AMORES PRESENTES, *por J. Avery.*

525 EL CABALLERO TEMPLARIO, GUNTER DE AMALFI, *por F. Cuomo.*

526 EL ARTE DE MEDITAR, *por R. Calle.*

527 CLAVES PARA COMPRENDER E INTERPRETAR EL I CHING, *por G. A. Rocco.*

528 AUTOSABOTAJE, *por M. Baldwin.*

529 FENG SHUI DEL AMOR, *por P. Campadello.*

530 LA CONFIANZA EN UNO MISMO, *por R. Tailor.*

531 LAS CINCO LLAVES DEL FENG SHUI, *por S. Bartlett.*